जीवन-पथ के राही

जीवन-पथ के राही

इन्द्र बहादुर खरे

वाणी प्रकाशन

वाणी प्रकाशन

4695, 21-ए, दरियागंज, नयी दिल्ली 110 002

शाखा

अशोक राजपथ, पटना 800 004

फ़ोन : +91 11 23273167 फ़ैक्स : +91 11 23275710

www.vaniprakashan.in
vaniprakashan@gmail.com

JEEVAN-PATH KE RAHEE
by Indra Bahadur Khare

ISBN : 978-93-5072-232-9
Short Stories

प्रथम संस्करण 2012
आवृत्ति 2016
मूल्य : ₹ 195

भारद्वाज प्रिंटर्स, दिल्ली-110 093 में मुद्रित

वाणी प्रकाशन का लोगो मक़बूल फ़िदा हुसेन की कूची से

अपनी बात

कवि इन्द्र बहादुर खरे द्वारा 1941 में लिखी 'जीवन-पथ के राही' शीर्षक कथा समाज की कुप्रथा पर एक कारुणिक व्यंग है। एक नारी को अपनी स्वाभिमान-नैया को बचाने के लिए अपना क्या-क्या डुबाना पड़ता है। अपने घर से तिरस्कृत हो संसार में कहीं स्थान नहीं मिलता। आशा-निराशा, मिलन-विदाई के बादलों से आच्छादित यह अनमोल सशक्त रचना है।

'मन के सपने' में रूप और प्रतिभा को धन से खरीदने वालों पर समाज एवं संस्कृति के बंधन पर करारा उपहास है।

'नीड़ का स्वप्न' दुनिया के झंझावात से स्वयं के नीड़ को सुरक्षित रखने का विहग के माध्यम से एक दिवास्वप्न है जिसमें हृदय की अभिव्यक्ति बारम्बार कुरेदकर लाचार सागर में विलीन हो जाती है।

आशा है पूर्व में प्रकाशित कवि के अन्य संग्रह की भाँति पाठकों के खंजन नयनों की कृपा दृष्टि बनी रहेगी।

होली : 8 मार्च, 2012 **अमिय रंजन**

अनुक्रम

जीवन-पथ के राही

(1)

जिस दिन से सोना लोधी की बारात लौटी है, उसी दिन से उसके भाग्य निखर आये हैं। सुना है, जब से फूलो ने घर की 'देहरी' लाँघी है, तभी से उसके घर कंचन बरसने लगा है; 'जुग' 'जुग' से सोये 'भाग' जाग गये हैं और बाप-दादों की अँधियारी में चंदा-सा खिल गया है।

हो चाहे जैसी पर उसकी सास का कहना है—"मैंने तो बहू नहीं पायी है; 'सुरग की अप्सरा' भेजी है परमात्मा ने। बड़ी-बड़ी आँखें हैं और जब काजल आँज लेती है तो मानो ऐसा लगता है कि 'रूप की जोत' जल उठी है। फूल-से वचन बोलती है। मैं तो सारा दिन हाथ पर हाथ धरे बैठी रहती हूँ। वही तो खेत जाती है, वही बैलों को सानी देती है।"

और मैं बताऊँ? वास्तव में बात यह है कि जिस दिन से यह चौदह साल की बहू आयी है, उसी दिन से घर में चार काम आ गये हैं, बैलों की जोड़ी हो गयी है। एक 'तुलसी का बिरवा' आँगन में हिलोरें भरने लगा है और पहले जो घास-फूँस की झोंपड़ी थी न, सो अब मिट्टी का दुमंज़िला मकान उठ गया है। अगर यह न कहें कि लक्ष्मी घुटने

तोड़कर बैठी है तो यह मानना ही पड़ेगा कि अब चार आदमी साँझ की वेला में उसकी चिलम से तम्बाखू पी जाते हैं; हर त्योहार चढ़े उसकी छप्पर से धुआँ निकलता हुआ गाँव भर देखता है और सोना की यह सब 'टहल' उसकी बहू ही करती है और देखने वाले दाँतों तले अँगुली दबाकर रह जाते हैं कि सोना को फूलो के रूप में यह सोना कहाँ मिल गया?

(2)

कहते तो यही हैं कि आदमी काठी का सबल और दबंग भी था पर न जाने कैसे झपेटे में आ गया। कोई कहता है कि एक साथ दो जानवर निकल आये और सोना दोनों की चोट न सह सका और कोई कुछ; कुछ भी कहिए सोना ने तो अपनी जीवन-यात्रा पूरी की, वह तो रहा भी नहीं कि सुन सके—फूलो है और उसकी सास; दोनों के हाथ में चूड़ियाँ नहीं हैं। ठाकुर साहिब तो साफ़ मना कर गये कि सोना नाम का कोई भी व्यक्ति उनके साथ शिकार का हाँका लगाने गया ही नहीं और यह मना करने की बात ही थी क्योंकि वहाँ तो एक आदमी के जीवन का प्रश्न था और इससे भी अधिक यह कि तहसीलदार साथ थे जिन्होंने वर्षों ठाकुर का नमक खाया था—बात दबाते क्या देर लगती? बेचारी सास-बहू हाय-सी मारकर रह गयीं। रोने-झींकने के सिवाय कुछ शेष न था। बहू को सास जब—'विधवा' कहती तभी खटक जाता। फूलो के फूल-से सपने एक-एक कर मिट्टी में मिलने लगे; जीवन के दिन जैसे-तैसे कटना आरम्भ हो गये। सास की वैधव्य-घड़ियाँ उतनी दूर न थीं—पर फूलो का जीवन? उफ! यह···यह पहाड़ सा जीवन कैसे पार होगा? यही सोचकर जी दुखता था। पहले फूलो ने घर में 'रूप की जत' बार दी थी—अब? अब वह रूप की जोत बुझाने वाली

निठुर वायु थी। कोकिल की पकी बोली उसे काटती और पपीहा उसका जीवन साथी था। उसकी नस-नस में यौवन का उषाकाल था, उसकी गुलाबी झाँकने वाली थी किन्तु शाम होती और वह देखती कि फूल तो मुरझा गया है और उसमें वेदना आँसू शेष है; सास के कथनानुसार वह एक 'जवान लड़का' चाट बैठी थी।

यूनिवर्सिटी के विस्तीर्ण क्षेत्र में नन्दन अकेला ही अकेला रहता था। यह उन छात्रों में से था जो सबसे मिलकर भी किसी से नहीं मिलता। भावुकता भी थी, इसी से नन्दन की आँखें सदा ही कुछ नवीन एवं चिर सुन्दर खोजने में लगी रहतीं। उसके साथी उसे निरा बुद्धू समझते पर कुछेक यही सोचते कि यह नन्दन जाने कैसा है! नन्दन अपने बारे में कभी न सोचकर हमेशा दूसरों के विषय में सोचता। जीवन एक खुला पृष्ठ है जिस पर भाग्य-रेखा अपनी तूलिका से चित्र अंकित करती है और उसी के सहारे-सहारे मानव-चरित्र का गठन होता है। किन्तु नन्दन का कहना था—मैं जगत् के सहारे क्यों चलूँ? मेरे पग युग-युग की चलती राह पर न चलेंगे!

फूलो का यौवन अब भरना आरम्भ हुआ था और उसकी प्रत्येक बात में विकास होने लगा। काम अब भी उसी के भरोसे था। सास तो सोना की याद में गुमसुम बैठी रहती थी। वह पानी भरने नदी तक जाती तो राहगीर उसे आँखें गड़ाकर देखते; कोई मनचला गा भी उठता, पर फूलो चुप रहती है और बिना कुछ बोले ही अपनी गागर भरकर लौट

जाती। हर काम वह करती, किसी भी गाँव वाले से मिल कर नहीं। गाँव में जो कुछ भी मिल जाता, वही बहुत होता किन्तु वह आँगन में हिलोरें भरने वाले तुलसी के 'बिरवे' को न भूलती, उस पर प्रतिदिन पानी छोड़ती।

पहले दिन—

दीवाली आयी; घर-घर दीप जले किन्तु फूलो का दीप। उफ—वह तो ऐसा बुझा था कि जलना असम्भव था। छुट्टियों में नन्दन घर आया और एक आम रिवाज़ के कारण, अपने घर के दीये ले, उन्हें हर जान-पहचान वाले घर-घर पर रखते हुए सोना के घर भी पहुँचा। एक छोटा सा मिट्टी का दीया बाहर ही टिमटिमा रहा था और घर के भीतर अँधेरा था। फूलो बैठी सूत कात रही थी, उसकी सास वहीं बैठी जैसे कुछ सोच रही थी। शायद वह सोना की याद में डूबी थी कि आज दिन सोना होता तो?—नन्दन दीया दरवाजे पर रख, बोला, "दादी! हमारा दीया न्यौतने आया है!" फूलो सहमकर अपने ही में सिकुड़ी और किवाड़ की ओट से देखने लगी कि यह अपरिचित व्यक्ति कौन है! सास बोली, "आओ बेटा! नन्दू अच्छे तो रहे?"

"हाँ दादी—क्या ख़ाक आऊँ? सोना दादा के बिना जी दुखता है!"

फूलो की सदा बरसने वाली आँखें एक बार फिर भर आयीं। सास ने उत्तर दिया, "परमात्मा पर किसका ज़ोर है बेटा!"···

···नन्दन चला गया। फूलो ने सास से इस अच्छे से लगने वाले व्यक्ति के बारे में पूछा तो उत्तर मिला, बड़ा चतुर है ठाकुर साहिब का नंदू! अँग्रेजी पढ़ता है!

दूसरे दिन—

दुनिया की आँखें ज़रा-सी बात को पाप के रूप में देखने में बड़ी निपुण हैं। स्वयं चाहे जितनी भी भारी पाप की गठरी सिर पर रख ले किन्तु दूसरे की आलोचना होती सरल है। तनिक भी कमजोरी देखी तो कह दिया; 'उसकी लड़की में लाज नहीं; उसका लड़का बड़ा ढीठ है—उसकी बहू कुल की लाज धोकर पी गयी!'

उस दिन गाँव के सिरे वाले बाग़ से नन्दन ने फूलो के माँगने पर कहीं अपने ही हाथ से कुछ अमरूद तोड़कर दिये—बस! आग लग गयी गाँव भर में!! दिन भर पनघट पर बातें हुईं, "अब फूलो···, व्याहकी फूलो नहीं है!"

दूसरी बोली, "कलयुग है, कलयुग! बित्ते-बित्ते की लड़कियाँ और विधवा!"

खलिहान पर एक ने बैल को चाबुक मारकर कहा, "अब नन्दू हाथ से जाने वाला है!"

दूसरा चिलम की आग फूँकता हुआ बोल उठा, "सोना का कुल उजियार करने आयी है!"

पर इन सब बातों का प्रभाव हमारे नन्दन और फूलो पर बहुत कम पड़ा। हाँ इतना अवश्य हुआ कि वे एक-दूसरे के बारे में जानने के लिए अधिक से अधिक उत्सुक हो उठे। दोनों प्राणियों का मन एक-दूसरे के पास चला गया। फूलो की आँखों में नन्दन ने एक स्वागत और नन्दन के पास फूलो ने अपने लिए ज्योति पायी।

तीसरे दिन—

पौ फटने वाली थी। जो आसमान अभी-अभी धुँधला-सा था सो खुलकर नारंगी-सा हो गया था। नन्दन नदी की ओर घूमने गया था; फूलो आयी थी पानी भरने। दोनों की आँखों

में एक-दूसरे का रूप झूल रहा था किन्तु जग की दयाहीन आँखों ने उनकी जीभ में ताला डाल रखा था। फिर जैसे-तैसे साहस बटोरकर एक-दूसरे ने बोलना चाहा और कई दिनों की मौन-साधना आज सवेरे ही सवेरे मुखरित हो उठी। सहसा ही दोनों के विषाद-युक्त अधरों पर मुस्कराहट ने खिल संकोच की सीमा तोड़कर मुक्त कर दिया। फिर वे दोनों और भी पास आये।

नदी के उस पार एक ठूँठ था जिसकी पत्तियाँ अनज़ाने काल से जाती रही थीं और इस पार कुछ ताड़ के पेड़! ताड़ के पेड़ की जड़ पर नन्दन बैठा था, ठूँठ की नंगी डाल पर एक तोते का जोड़ा। जोड़ा, उसी की खोंखल में से निकल कर आया था और ऐसा लगता था मानो दिन भर के वियोग के पहले दोनों आपस में प्रेम की बातें कर रहे थे। फूलो ने सहज-रीति से ही गागर भरी, पर न जाने क्यों तोते के जोड़े को देख एक पत्थर उठा उसे मार दिया। जोड़ा फर से उड़ गया। नन्दन ने यह अद्भुत उद्दण्डता देखी तो हँसी आ गयी। फूलो ने उसकी आँखों में आँख डालकर कहा—"तुम तो पढ़े लिखे हो जी, बताओ तो अच्छा ये कर क्या रहे थे?"

"प्यार!" नन्दन ने धीरे से कहा।

"बड़े सच्चे प्रेमी थे तो उड़ क्यों गये?" वह अपनी गागर का पानी हिलाती हुई बोली।

"तुमने जो उड़ा दिया?" नन्दन बोला, "उन्हें चोट नहीं लगी होगी?" "हूँ···चोट लगती तो उड़ पाते?" वह हँसने लगी।

"शरीर में नहीं लगी तो चोट ही नहीं लगी?" नन्दन ने कहा पर इस कठिन प्रश्न का तात्पर्य वह नहीं समझी क्योंकि उसके गाँव में अस्पताल नहीं है। फिर भी उसने अपनी अक्ल खर्च करके पूछा, "चोट तो मालूम नहीं; हाँ जी यह तो

बताओ कि इनका भी ब्याह हुआ होगा?" गाँव की लड़कियाँ पागल होती हैं! "अरी इनके यहाँ ब्याह नहीं होता, प्यार नहीं होता, हाँ हो जाता है!"

नन्दन ने गाँव की लड़कियों को पागल बताया, यह बात हमारी फूलो को अच्छी नहीं लगी और बोली, "देखें गाँव वाले सच कहते हैं या झूठ; तुम कितने होशियार हो? बताओ तो इनमें नर कौन था और मादा कौन?"

"जो सिकुड़ रही थी वह थी मादा और पंख फैला रहा था, वह नर!"

अब की बार फूलो हार गयी, बड़ी परेशान! थोड़ी अक्ल और खर्च की और शासन-स्वर में पूछा, "कैसे मालूम?"

"मादा शर्मीली होती है इसीलिए वह लजा रही थी," नन्दन बोला था।

"क्यों क्या हमें···देखकर शरमा रही थी?" फूलो झट प्रश्न कर बैठी।

"नहीं, नहीं वह कह रही थी कि हम पंछी हैं; देखो कितने खुश हैं; एक साथ उठते हैं, दाना चुगते हैं और एक ही घोंसले में दिन भर की थकावट मिटाते हैं!"

"और हम?" फूलो की उत्सुकता कम नहीं हुई! "और हम मनुष्य होते हुए भी कितने भोले! एक ताड़ की जड़ पर बैठा है और दूसरा नदी किनारे खड़ा है!"···फूलो गाँव के वातावरण में साँस लेने वाला चरित्र यूनिवर्सिटी के 'रोमांस' की गहराई न माप पायी। 'वे पंछी और आदमी-औरत कैसे एक साथ उड़ें, दाना चुगें? और इससे मतलब ही क्या कि दूर-दूर बैठे हैं? कहीं पास-पास भी बैठा जाता है इस तरह से?' आदि-आदि फूलो ने सोचा।

···इस प्रकार वे दोनों प्राणी एक-दूसरे के विपरीत होते हुए भी अपने आप अधिकाधिक समीप आने लगे। नित्य-प्रति

के मिलन ने उन्हें पास ही पास ला दिया और जब नन्दन फूलो का था और फूलो नन्दन की तो एक दिन उसने नन्दन से कहा, "हमारा यहाँ आना ठीक नहीं है!"

"क्यों" नन्दन ने पूछा, "क्या कहाँ भी कोई देखता है?"

"क्यों नहीं; आदमी नहीं तो क्या? पेड़ तो हैं, बेलें हैं और नदी है!" बड़ी-बड़ी आँखें मटकाकर उसने कहा। उस दिन वह काजल आँज कर आयी थी।

"वे भी प्यार करते हैं!"

पर यह प्यार वाली बात फूलो कम समझी। उसने गाँव में कई बार चाँदनी रातों में 'तोता-मैना के किस्से' और इस प्रकार की रहस्यमयी घटनाएँ अवश्य सुनी थीं सो फिर दिमाग़ जुटाकर बोली, "प्यार करते हैं या एक-दूसरे को कहानी सुनाते हैं!"

"जीवन एक कहानी है और जीवन प्यार भी है!" नन्दन बोला तो फिर मुसीबत की बदली छा गयी। वह गाँव की 'उस बुद्धि' वाली लड़की ने अब की बिलकुल नहीं समझा लेकिन अपनी अनभिज्ञता छिपाने के लिए कह दिया, "हाँ जीवन का दूसरा नाम दुलार है।" और फिर हाथ पर अपनी ठोढ़ी रख सोचने लगी।

(3)

फूलो ने घर आकर चौक पर गागर रखी और गीला अंचल निचोड़ रही थी कि सास कड़क उठी, "बहू! तुम्हारी लीला खूब देखी—क्या करने पर तुल गयी हो? जिस दिन से सोना नहीं उसी दिन से तुम्हारे मारे चैन की रोटी भी नहीं मिलती!"

"क्या गलती हो गयी दादी?" फूलो ने बड़ी कोमलता से पूछा।

"गलती! ओ गलती, तू करेगी और तेरे पीर करेंगे! गलती पूछती है, जैसे कुछ जानती ही नहीं? देखा? रोज़-रोज़ उजले कपड़े पहनो, काजल आँजो और घण्टों घर से बाहर रहो! करो, खूब करो जिसमें तुम्हारा जी भरे और पूछो गलती!" सास गर्म थी। 'विधवा' संसार की सबसे घृणित वस्तु थी उसके लिए। इससे यह तात्पर्य नहीं कि वह अपने वैधव्य से घृणा न करती हो। पर उसने समझ लिया था कि वह अकेली ही दुनिया में जन्मी है अकेले ही उसे मरना है; विवाह, सुहाग, पति ऐसी संज्ञाएँ उसके लिए निरर्थक थीं। और फूलो के आँसू आना एक साधारण-सी वस्तु थी। रोने की छाया में तो उसे सुख था, शेष उसे दुःख के सिवा था क्या?

"दादी, क्या अंग की लाज रखने के लिए भी उसे ढाँकना पाप है? मैं कौन-सा श्रृंगार करूँगी? मेरा तो एक मात्र...श्रृंगार लुट ही चुका...उसे तो परमात्मा ने छीन ही लिया...अब मैं...कौन-सा श्रृंगार करूँगी?" वह सिसक रही थी।

"कौन-सा 'सिंगार?' हाय हाय रे! 'सिंगारों' की क्या कमी है? न जाने कितने मिलेंगे?" पचास वर्षीया वृद्धा विष की बरसा कर रही थी।

"दादी...तुम ऐसो वचन न बोलो!" फूलो तनिक कड़ी-सी होकर बोली।

"कैसी भोली है? मानो कुछ जानती ही नहीं? नदी किनारे कौन नन्दू से बातें करता है? कौन उसके अमरूद खा-खाकर उसे लूटने को उतारू है? मैंने सारी उम्र भूसा खाकर नहीं काटी है! देखती है यह बाल? धूप में सफेद नहीं हुए हैं आयी...कहाँ से बातें करने!"

फूलो की आँखों में अब एक भी आँसू न था। सारी

करुणा ने सहसा ही क्रोध में परिणित हो सास के प्रति घृणा जगा दी। 'फूल'-से वचन बोलने वाली फूलो अब आग की 'चिनगारियाँ' टपकाने लगी, "दादी…परमात्मा साक्षी है! हम और तुम दोनों कड़ाही के खौलते हुए तेल में हाथ डालेंगे, सच अपने आप बोल देगा; साँच को आँच क्या है। न हो तो अभी तुलसी के बिरवे पर हाथ रखवा लो!"

"सरासर आँखों में धूल डालती जा रही है—ज़रा-सी छोकरी और कतरनी-सी जीभ—चोरी और ऊपर से सीना ज़ोरी? जा, निकल मेरे घर से और तोड़ उसी नन्दू के टुकड़े!"

"इस घर की चक-चक से मुझे वह टुकड़े ही भले।" फूलो उल्टे ही पाँव लौट पड़ी और सिसकती-सिसकती नदी की ओर आ निकली। उसके पैर 'मन' 'मन' के भारी हो रहे थे किन्तु फिर भी नदी की तरफ बढ़ रहे थे जैसे उसे नन्दन का दुलार बुला रहा था; मानो उसके दिल में वह बोल रहा था, 'चिन्ता ही क्या है फूल जब तक मैं बना हूँ? अब हम दोनों ताड़ की छाया में बैठ 'पंछी का प्यार' देखेंगे। एक-दूसरे से प्यार विनिमय करेंगे। अब तो जीवन भर हँसना है। हँसो!! हँसो फूलो!!!' फूलो पागलों की तरह हँस पड़ी, फिर सोचा कि क्या कर रही हूँ? अरे मैं—मैं तो पापिन हूँ। वह नदी किनारे वाले वृक्ष के नीचे बैठ गयी। नदी, ठीक वैसे ही, उसी प्रकार उछालें भर रही थी। पेड़ भी उसी प्रकार लहरा रहा था? केवल उसी में अन्तर आ गया था। कल ही वह और नन्दन बैठे-बैठे बातें कर रहे थे और आज अकेली थी वह, नदी-पार के ठूँठ की तरह! एक कबूतर का जोड़ा आया और उस पर बैठ गया। नर बोला, 'गुटर गूँ' और मादा लाज से सिकुड़ गयी। मादा के आनन में थी लाज और नर के मन में प्यार, हाँ प्यार भरा था। फूलो की आँखों में…छोटा सा सपना समा गया।

'वे भी तो प्यार करते हैं!'

'प्यार करते हैं या एक-दूसरे को अपनी कहानी सुनाते हैं!'

'जीवन का दूसरा नाम प्यार है!'

'हाँ, जीवन का दूसरा नाम प्यार है!'

…नन्दन अब यूनिवर्सिटी जा रहा था। माँ ने दही का टीका लगाया और सिर सूँघा; नन्दन ने पैर छुए और आशीर्वाद लिया। सबसे मिलकर गाड़ी पर बैठा और गाड़ीवान से गाड़ी हाँकने को कहा।

अब दिन निकल आया था; किसान हल बैल लेकर खेत की ओर चल दिये। गाएँ बछड़ों को रम्भाती हुई छोड़ वन की ओर भाग चलीं। गाड़ी में नन्दन था और गाड़ीवान, बस। गाड़ी गाँव की सीमा पारकर नदी-किनारे पहुँची। नन्दन ने दूर से ताड़ का वृक्ष देखा तो प्यार हरा-भरा हो आया। तनिक और आगे बढ़ा तो देखा कि फूलो बैठी है। उसने गाड़ी रुकवा दी और फूलो के पास पहुँचा। फूलो ने पत्थर उठाया ही थी कि ठूँठ पर बैठे हुए कबूतर के जोड़े को मारे कि इतने में सुना—"क्या कर रही हो फूलो?"

फूलो चुप—उसने मुड़कर भी नहीं देखा।

"क्यों? क्या हुआ?"

फूलो का हाथ रुक गया और रुक गया स्मृति में बहता हुआ मन!

"फूलो, देखो मैं जा रहा हूँ; विदाई न दोगी?"

"जा रहे हो? कब तक लौटोगे?" फूलो ने पलकें भारी कर कहा।

"हाँ; आवो एक बार फिर ताड़ के नीचे बैठ लें—यह तुमने तो वह ठूँठ पर बैठा हुआ जोड़ा तो उड़ा ही दिया!"

फूलो यह रहस्यमय वार्तालाप समझ नहीं पायी, पर मारे

गुस्से के कह दिया—"हाँ नन्दन अब जोड़ा सदा के लिए बिछुड़ जाएगा!"

इतनी ही बातें हो पायी थीं कि गाड़ीवान ने आवाज़ दी—"बाबू किससे बातें कर रहो हो?"

नन्दन को बात फैलने का डर लगा इसीलिए गाड़ीवान की आवाज़ के साथ उसके पैर लौटने लगे और वह बोला—"फूलो! जा रहा हूँ—कभी-कभी याद कर लेना!"

फिर गाड़ी धनन-धनन करती हुई, नदी पर लगा हुआ नाव का पुल पार करती हुई चली गयी दूर, दूर!

और फूलो उसी पेड़ की जड़ पर बैठी-बैठी ताकती रही निष्पंद, नादान आँखों से!

(4)

गाड़ीवान ने पूछा, "किससे बात कर रहे थे छोटे कुँवर?"—यह गाड़ीवान उसके पिता के साथ खेला हुआ गाँव का आदमी था इसलिए नन्दन की अच्छाई और बुराई का उत्तरदायित्व उसके कन्धों पर खुशी-खुशी नहीं, तो फेंक अवश्य दिया गया था। यह उत्तरदायित्व उसे प्रिय भी था क्योंकि यह उसके मान का सूचक था। इस प्रश्न पर नन्दन सहम गया उसने बात टालनी चाही तो गाड़ीवान ने फिर से जिज्ञासा की। "किसी से नहीं : एक दुखिया थी।" नन्दन ने उत्तर दिया।

"क्या नाम है भय्या उसका?" गाड़ीवान् ने होठ दबाकर पूछा।

"फूलो!"

"फूलो? हरे! हरे!! फूलो—भय्या हाथ जोड़ता हूँ; अब उससे न बोलना! देखो न सोना को, आते ही चाट बैठी! पूरी डाइन है, डाइन।" इस प्रकार अनेक उलटी-सीधी बातें उसने कीं, पर नन्दन ने सुनी-अनसुनी कर दीं और जब उसकी जीभ

बहुत खुलती देखी तो डाँटकर चुप करना अपना अधिकार समझा। लाख वह उसके गाँव का था, उससे बड़ा था लेकिन नन्दू भी अब गाँव का नन्दू न रहकर, यूनिवर्सिटी का नन्दन कुमार था।

···उधर फूलो को यह संसार एक व्यापक वस्तु प्रतीत हो रही थी जिसमें घृणा, क्रोध, अवहेलना आदि सभी बातें तैर रही थीं। कहाँ जायें? क्या करें? बस यही दो प्रश्न थे। अब उसे ज्ञात हुआ कि समाज में कितना अन्याय कूट-कूटकर भरा है? ऊपर धूप तपना शुरू हुई और नीचे नदी की रेत! दोपहरी हो चली और वह अकेली बैठी थी 'विधवा' संज्ञा का सार निकालती हुई। बाल्यकाल से आज तक की सारी घटनाएँ उसके सामने आकर उसे बुला रही थीं, फुसला रही थीं किन्तु विधवा! उफ–संसार की सबसे अधिक घृणित वस्तु–वह तो निरा बोझ है पृथ्वी का। उसकी शान्तिहीन दुनिया में और भी हलचल मच गयी; उसकी आँखों में सावन था और आहों की झंझावातों से विश्व, उसी का विश्व काँप रहा था। इतनी दूर तक फैले विश्व-सागर में वह नितान्त अकेली थी। वह तिनके की तरह शक्तिहीन थी; न जाने कौन-सी लहर आ उसे बहा ले जाय और न जाने कहाँ उसे बसेरा मिले। भविष्य के गर्भ में सब कुछ निहित है किन्तु आँखों के सामने वाला वर्तमान अभी बिलकुल छिछला है; कुछ नहीं–कुछ नहीं। यह कुछ नहीं भी अपना रूप बदल कर सब कुछ बन सकता था अगर नन्दन की आँखें उसकी अवस्था पढ़ लेतीं, पर वह तो लाजमयी थी–कहती भी कैसे?

(5)

जिसकी किस्मत फूटती है, वह यहाँ आता है; जिसके भाग्य

का सितारा अस्त होता है, वही इस लोक की शरण लेता है। शरण क्या लेता, यहाँ बरबस ही आना पड़ता है। इस लोक में दो प्रकार के प्राणी बसते हैं; एक तो वे जिन्हें सदा ही यहाँ बसना है, जिनके साँझ-सबेरे यहीं बीतते हैं और दूसरे वे जो केवल यात्रियों की तरह आकर, अपनी प्यास बुझा फिर चल देते हैं—फिर वे वापस लौट भी सकते हैं और नहीं भी। भूलता हूँ, तीसरे प्रकार के वे प्राणी भी हैं जो यहाँ आना ही पसन्द नहीं करते, किन्तु फिर भी चले आते हैं। यहाँ न आएँ तो उनका जीवन दीप बुझ जाय, इसलिए यहाँ आना आवश्यक है। फिर ये प्राणी जाएँ भी कहाँ? भले आदमी उनसे बात क्यों करने लगे? विष खाकर मरा नहीं जाता। जीवन है, उसे काटना ही है, चाहे हँसकर काटो तो या रोकर काटो तो। फिर यह तो दुनिया के उन स्थानों में से है जिसका द्वार सभी के लिए खुला है, यह सबके लिए बराबर है; यहाँ सब के लिए आदर है। हाँ शर्त एक भारी है; वैसे अधिक भारी तो नहीं है, पहली बार सुनने में तनिक अखरती है। फिर तो आदत पड़ जाती है और आदत के बाद हरेक काम आदत में शामिल हो जाता है। संसार में पाप और पुण्य दोनों हैं। किन्तु यहाँ आने वाले इनमें कुछ अन्तर नहीं समझते। खुलेआम आते हैं; छिपकर काम करना पाप है—वे क्या पाप करते हैं? इतना अवश्य है कि लार से रंगे हुए होठ और काजल-से भरी आँख में, चिकना-चुपड़ा यौवन वे चाँदी के टुकड़ों से खरीदते हैं। वे भी व्यापारी बनते हैं सौदा करते हैं, चोरी से दूर भागते हैं। फिर पाप और पुण्य का प्रश्न ही कैसा? अपनी इच्छा का दमन करना तो और भी बड़ा पाप है, खैर…!

गाँव का वातावरण छोड़ फूलो को ऐसे ही स्थान में जगह मिली। जगह कैसे मिली? अगर यह जानने की कोशिश करें

तो बहुत कुछ सोचा जा सकता है। केवल इतना ही बहुत है कि उसे जगह मिल गयी और वह भी बिना अधिक परेशानी के। किसी से सुन रखा था कि शहर का चौक देखने योग्य स्थान है सो जैसे-तैसे उस स्थान पर आ पहुँची। भूखी थी बहुत; एक सभ्य-सी महिला देखकर उसने खाने को माँगा तो पैसे मिल गये। वास्तव में वह सभ्य महिला नहीं थी प्रत्युत एक प्रकार से 'गीदड़ की खाल में भेड़िया' या 'पानी में आग के समान' थी जो इस प्रकार आधारहीन लड़कियों को आधार दे, उनके सौन्दर्य से स्वयं अपना पेट भरती हैं। गाँव की भोली लड़की से उसने घर चलने को कहा। दिन भर की थकी-माँदी थी, उसे आराम मिला; भूखी थी उसे भोजन मिला। अकेली थी, उसे साथिन मिली, गरीब थी उसे वैभव मिला और भोली थी इसलिए आडम्बर में छिपा साँप मिला। डूबते को तिनके का सहारा मिला और चाहिए क्या था? फिर धीरे-धीरे उस 'सभ्य महिला' ने अपने घर की सारी शिक्षा दी, उसे नूरजहाँ के यहाँ बेच दिया। 'नूरो' को छप्पर फाड़ कर धन मिला। इस प्रकार फूलो का यौवन (और फूलो नहीं) गगनचुम्बी अट्टालिकाओं के प्रलोभन और चाँदी के टुकड़ों से अपने जीवन को तौलने लगा। 'नूरो' और 'फूलो' के मन धीरे-धीरे मिलने लगे।

नूरजहाँ थी शहर के मनचलों की प्राण! प्यास के लिए अमृत और यौवन की जीती जागती तस्वीर! ताँगे वालों से लेकर अच्छे-अच्छे तिलकधारी उसकी जूतियाँ चाटते थे। रुपया उसके हाथ का मैल था, पर रुपये वाला ही उसके लिए मूल्यवान था। उसके यहाँ रात में दिन होता जब सारा संसार सुख-दुख की नींद लेता तो नूरो की बैठक आबाद होती। एक से एक अच्छे व्यक्ति उसकी आँखों में स्वर्ग के स्वप्न देखते और फिर रुनझुन-रुनझुन घुँघरू के स्वर मुखरित

होते। जीवन के कगार पर खड़ा वह सारंगी बजाने वाला बूढ़ा 'बार' 'बार' अपने पीकदान को सम्हालता। वह बुढ़िया जो यौवन की नौकरी करती, अपने यौवन के बीते स्वप्न देखती, पर इस नृत्यलीन यौवन को यह स्वप्न भी न सूझता कि उसकी दशा उस पथ पर खाँसने वाली बुढ़िया के समान होनी है। और फूलो की दृष्टि नृत्यलीन यौवन और ओजहीन बुढ़ापे पर समान रूप से गिरती। कमर दुहरी होने पर वह बुढ़िया साँझ-सवेरे झाड़ देती, बिछावन ठीक करती है और लड़की की 'आँखों का नूर', दिल की रंगीनी, होठों की शराब और हर मोड़ की मदहोशी बताती है यह सब फूलो की दृष्टि से दूर न रहता यद्यपि फूलो की कोठरी इनकी कोठरी से अलग थी और उसका सब प्रबन्ध अलग ही था, केवल रात के दृश्य देखने वह 'नूरो' के पास आती।

(6)

दुनिया में आदमी दो प्रकार से प्रसिद्ध हो सकता है। भलाई करके प्रसिद्ध होना बहुत टेढ़ी खीर है, बुराई करो तो शीघ्र ही दुनिया की अँगुलियों पर गिने जा सकते हो। शेखी शहर के उन आदमियों में से था जो अच्छाई की ओर से आँख उठा बुराई ग्रहण कर नाम कमाते हैं। वे संसार के घृणित से भी घृणित कार्य में अपना व्यक्तित्व डुबाकर सुख-स्वप्न देखते हैं।—जैसे दुनिया से ऊबे तो शराब पी डाली और यह ऐसी दवा है जिससे हर बीमारी कोसों दूर भागती है; संसृति का भार कन्धों पर हल्का हो जाता है। तो 'शेखी' शहर के ऐसे ही व्यक्तियों में से था। लम्बा-चौड़ा शरीर, बड़े-बड़े छल्लेदार बाल, अब मूँछें भी आ गयी थीं और मलमल का कुरता पहनता था लाल नीली तहमत के साथ। समाज का उसे डर न था। उसके व्यक्तित्व की हानि ने उसे हानि के डर से निडर

बना दिया था। पहले ही से जब एक विद्यार्थी था, समाज के सुधार का मूल्य दो कौड़ी आँकता था और अब तो उसके साथ शारीरिक बल था, चार गुण्डे थे। वह कहता : 'समाज ने मेरा साथ कब दिया? मैं क्यों समाज की मानूँ? मेरे जीवन में आग लगी, किस-किसने पानी डाला? मेरी जीवन संगिनी मरी, समाज का कौन-सा उपदेश मुझे मरघट पथ तक शान्ति देने गया? पड़ोस ही में बड़े से बड़े सुधारक बैठे-बैठे देखते रहे पर किसकी आँखों में पानी उतरा? और मैं कौन-सा पाप करता हूँ? पाप और पुण्य का अन्तर आदमी ने ही बनाया है। मैं आदमी की बात नहीं मानता। लोग चोरी से, रात अँधेरे किसी का अपहरण करते हैं—मैं तो व्यापारी हूँ, खरीददार हूँ चोरी मैं नहीं करता, डाका मैं नहीं डालता; इस दो घड़ी के सुख के लिए संसार मरता है!' शेखी ने अनेकों को वश में किया था; नूरजहाँ के यहाँ उसका ख़ास अड्डा था।

पहले दिन—

अशर्फी के आने के बाद पहले ही दिन उंसने इस घर में पग रखा। (अब हम फूलो को अशर्फी कहेंगे।) रात के ग्यारह बजे होंगे। जैसे ही शेखी ने अन्दर क़दम रखा तो देखा कि कोई नयी कामिनी आईने में देख-देख अपना रूप तौल रही थी। शृंगार कर रही थी किन्तु उसके हावभाव से साफ़ प्रतीत हो रहा था कि इस पर कोई बाहरी ज़ोर पड़ रहा है। शेखी ने दुनिया देखी थी, यह उसका दावा था। लेकिन एक साथ इतना रूप, इतना यौवन कहीं न देखा, देख-देखकर आँखें चौंध गयीं। वह हैरान था—क्यों? वह एक उन्माद देख रहा था उसके शरीर में, एक भोलापन निखर रहा था उसके आनन में, प्यार किन्तु इस स्थान पर चाँदी के टुकड़ों से सीमित प्यार भरा था उसकी प्यासी आँखों में! एक ओर बैठी

'नूरो' पानदान से छालिया उठाकर पानों के लिए काट रही थी। फूलो की ग्राम्य-सुलभता इतने दिनों यहाँ रहकर खो गयी थी। शेखी को देखते ही बोली, "आवो" और फिर बाल सम्हालने लगी।

शेखी ने पूछा, "तुम्हारा नाम?"

"जी मेरा नाम?...मेरा नाम अशर्फी" और उसकी आँखों में वही 'पंछी के प्यार' वाला छोटा-सा सपना समा गया क्योंकि जीवन में पहली ही बार उसने एक आदमी से, और फिर ऐसे स्थान में बात की थी।

"सच?"

"हाँ जी, मुझे अशर्फी ही कहकर याद करते हैं," "तो तुम अशर्फी हो! जैसा रूप ठीक उससे ही मेल खाता हुआ नाम" शेख तनिक आराम से बैठ नूरजहाँ के हाथ का पान लेता हुआ बोला, "तुम किसकी अशर्फी हो?"–अशर्फी शरमा गयी। यह एक रीति थी उस स्थान की जो उसने पहली ही बार प्रयोग की थी। बीच में ही बात काटती हुई नूरो बोली, "क्या मोल लेगी इस मदमाते यौवन का, शेख मियाँ के लिए?" अशर्फी फिर भी मौन थी। यह दूसरी नीति थी उस घर की, शेख बोला, "तो सौदा तय नें कर लो?"–और फिर भी मौन रहना उस घर की नीति के विरुद्ध था।

दूसरे दिन–

"बिना आपत्ति के नयी साड़ियाँ, गहने, नौकर सभी पा सकती हो," शेखी बोला।

"कैसे?" अशर्फी ने कहा।

"अपना प्यार बेचो...मोल करो!" अशर्फी यह सुनकर चकित रह गयी; उसकी आँखों के आगे अँधेरा छा गया।

उसने तो एक बच्चे की भाँति साँप पकड़ लिया था—साँप के ज़हर का उसे ज्ञान न था।

शेखी ने फिर कहा, "अपना प्यार बेचो।" अशर्फी कुछ तुनक कर बोली, "प्यार कहीं बेचा जाता है बाबू?"

नूरजहाँ दूसरे कमरे में बैठी थी। उसने सब कुछ सुन लिया। उसका मन भी आज शंका में झूल उठा—ठीक है प्यार मोल-भाव की चीज नहीं—आदमी क्या जाने? वे तो वासना की आँधी में हल्के तिनके की तरह बह जाते हैं। औरत के दिल से पूछे कोई प्रेम का मूल्य सच कह रही है अशर्फी; गाँव से आयी है तो क्या—पर है बड़ी चतुर! मुहब्बत का पाठ मानो किसी पाठशाला से पढ़ आयी है!

शेखी फिर बोला, "अशर्फी! मैंने अनेक बार प्यार खरीदा है। वह रुपयों से खरीदा जाता है, मोल करोगी?"

अशर्फी बोली, "खरीदा होगा, बाबू—पर चाँदी के टुकड़ों से खरीदा प्यार कितने दिन साँस ले सकता है? मोल किये प्यार में क्या आत्मा होगी बाबू? उसमें चाह होगी, पर आत्मा न होगी?"

दूसरे कमरे में नूरजहाँ के सामने आईना था जिसमें उसका रूप, उसका चिकना-चुपड़ा यौवन सब कुछ साफ़ दिखलाई दे रहा था। न जाने क्यों एकाएक उसे मालूम हो रहा था मानो वह सबके मुँह का उगला हुआ निवाला है; कुत्तों की चचोरी हुई हड्डी है, घिनौना जीवन उफ! उसमें सिमटी हुई फीकी चाह!! चेहरे के गुलाबीपन के नीचे पाप की कालिमा!!!

उस दिन शेखी अपना-सा मुँह लेकर चला गया; उसका हृदय क्षोभ से भर गया था। चलते समय नूरजहाँ भी न बोली तो जले पर नमक छिड़क गया।

तीसरे दिन—

वास्तविक प्यार तो यह इच्छा ही नहीं करता कि वह प्रकाश में आये। किन्तु वासना की प्यास? उसके लिए तो कहीं भी जल नहीं। शेखी फिर पहुँचा छत पर। नूरो और अशर्फी दोनों बैठी थीं पर मरघट के समान शान्ति थी। न तबले की झंकार, न मंजीरे की खनखनाहट। बगल में टँगा हुआ पिंजरे का तोता तीलियों से सिर धुन रहा था। शेखी बोला; भोली हो रही हो? कब तक तमन्ना पूरी करोगी। देखो नूरो ने इसके कारण इतनी हवेलियाँ खड़ी कर ली हैं!

अशर्फी बोली, "बाबू जिद्द न करिये। मैं निर्धन ही भली हूँ।"

नूरो का मन अशर्फी के आगमन ने फेर दिया था। वह सोचने लगी—अशर्फी की बातें सच हैं या यह संसार? पाक़ जिन्दगी का नाम जिन्दगी है या इन चहारदीवारों में बीतने वाले पंछी की भाँति जिन्दगी? उसकी आँखों के सामने बचपन से लेकर आज तक की घटनाएँ घूम रही थीं। चाचा-चाची ने बूढ़े के साथ शादी करवाई—विधवा हुई : कुटुम्ब ने उसका साथ नहीं दिया। वहाँ से भागी शेखी ने घेर लिया और आज दिन?

शेखी ने फिर पूछा, "प्यार न बेचोगी?"

"बाबू मैं फिर कहती हूँ प्यार बेचा नहीं जाता।"

"हम रोज़ दो-एक खरीदते हैं!"

"रखते कहाँ हो?"

"सागर में नदियाँ मिलती ही रहती हैं!"

नूरजहाँ का क्रोध उसके मन में नहीं ठहर सका और बोली, "और उस नदी को—जो सागर की मुहब्बत में अपने आप को मिटा लेती है, अपनी माँग सूनी करती है, उसे दुनिया देती क्या है? तुम, तुम आदमी उसका क्या मोल

चुकाते हो? वासना के भूखे! तुम्हीं ने इस घर में मुझे जगह दी और अब भोली कली को कुचलना चाहते हो; औरतों को मिट्टी में ही मिलाना जानते हो?"

"और उस मिट्टी को चीर कर फूल ऊपर आता है; निर्धन हवेलियाँ खड़ी कर लेते हैं!"

"बस।" शेखी इतना ही कह सका और वह नीचे चला गया। नूरजहाँ बैठी-बैठी अपने जीवन का सार निकालती रही। शेखी के मन में चोट आयी। वह यह सोच न पाया कि नूरो आज सहसा ही इतनी क्यों बदल गयी!

(7)

उधर नन्दन को स्टेशन तक पहुँचा, गाड़ीवान जब घर पहुँचा तो ठाकुर साहिब के कान भर दिये। किस प्रकार गाड़ी रुकवाई गयी, किनारे वाले ताड़ के नीचे कैसे फूलो से बातें कीं आदि-आदि—और ऊपर से थोड़ा मसाला मिला अपने मालिक की सहानुभूति लेने के लिए उसने कह दिया। आग में घी-सा पड़ गया। फौरन ही सोना की माँ को बुलाया गया और जब उसने उत्तर दिया—मालिक, फूलो तो उसी दिन से मुझसे लड़कर भाग गयी जब नन्दू बड़ी पाठशाला गये थे! "तो ठाकुर साहिब ने बड़ी बेफिक्री से कह दिया—अच्छा हुआ गाँव का कलंक कटा!"

···नन्दन ने यूनिवर्सिटी में फिर अपना पग रखा। छुट्टियों में बिछुड़े हुए साथी मिले और होस्टल में दो-एक दिन बड़ी चहल-पहल रही। किन्तु नन्दन अब की बार कुछ दूसरा ही रंग लेकर आया था—जीवन के दिन पार क्या कर रहा था जैसे एक अपराध किये जा रहा था। उसका होस्टल भी एक ऐसा होस्टल था जहाँ लड़कों का ही राज्य था। उस पर अधिक देखरेख न थी इसलिए इसमें केवल ऐसे ही विद्यार्थी

थे जो अधिक नहीं तो कम से कम अपनी आज़ादी अवश्य चाहते थे ताकि उनके 'सिगरेट सिनेमा संगीत' में कोई आपत्ति न ला सके। नन्दन के दिन भी अब ऐसे ही वातावरण में पार होना आरम्भ हुए। आरम्भ क्या हुए बल्कि उसने मन को बहलाने का प्रयास किया, पर मन ऐसा भोला तो नहीं कि मान जाय। संध्या के झुटपुटे में पार्क की चहल-पहल के बीच घने वृक्षों की शाखाओं को देख-देख सोचता, 'किसी दिन यह दुख मेरे मन में एक छिद्र कर निकल जाएगा। यह दुख-सुख की छाया में बीतने वाले जीवन की नाव एक दिन समय के प्रवाह में बह जाएगी। तब कहीं मुक्ति मिलेगी।'

पार्क की हरी भरी दूब पर बैठे एक मनचले ने गुनगुनाना आरम्भ किया, "जिसे याद करते हैं हम ज़फर हमें दिल से उसने भुला दिया!"

ग़ज़ल की स्वर-लहरी नन्दन की हृदयतंत्री के साथ मुखरित हो उठी। पंखहीन पक्षी की तरह वहीं बैठा रहा। उसे अपनी व्यथा में और ग़ज़ल की अनुभूति में एक साम्य मिला। मानसिक रूप से वह स्थिर रहे, यह उसको ध्यान जरूर रहा, नहीं तो उसके आँसू झरने-से फूट पड़ते। उसे तो ऋतुराज में ही बन्दी होना बदा था। पार्क भर में कोई भी ऐसा न था जो उसकी मानसिक व्यथा को बुझाने की कोशिश करता। इस समय वह अनुभव कर रहा था कि न किसी के मन का राजा और न किसी की सुधि का संचालक–'आँखों से दिखाई देने वाले संसार में और निज के संसार में बहुत दूरी है। पर यह दूरी दृष्टिगोचर ही तो नहीं–यही मन बाहर के संसार से अलग होने पर सोचने लगता है–कल्पना के आँगन में खड़ी एक प्रतिमा है जिसको पूजा की निमित्त आँखें सदा तरसती हैं। यहीं पर दूसरे मनोविकारों पर कल्पना

विजय पाती है और जैसे आँधी के आगे कागज़ पत्ते और धूल उड़ते हैं वैसे ही दिखाई देने वाला संसार कोई सहानुभूति नहीं पाता। हृदय के मुख पर कुण्डली मारकर कल्पना बैठ जाती है और अपरिचित ढंग से मुस्कराती है तो फुफकार निकलती है। यह फुफकार विश्व के विपरीत सी लगने के कारण विश्ववासी इसे 'पागलपन' कह देते हैं!'

मन की तनिक सी स्थिरता पाने पर तत्क्षण ही, 'आज से जोड़ा सदा के लिए बिछुड़ जाएगा' यह विचार उसे घेर लेता फिर उसका मन घुटने लगता और मन ही मन प्रश्न करता, 'आज से जोड़ा सदा के लिए बिछुड़ जाएगा, पर क्यों? कैसे? और कब?'

...छुट्टियाँ हुईं तो जल्दी ही जल्दी न जाने कितना साहस बटोरकर सामान ठीक किया! एक साथ इतने दिनों की जमी उदासी में से आज ही हर्ष की किरणें कैसे फूट निकलीं, यह देखकर उसके मित्रों को आश्चर्य हो रहा था। दूसरे मित्र तो साथियों को छोड़ने के कारण दुखी हो रहे थे; कोई पत्र-विनिमय की प्रतिज्ञा करवा रहा था, कोई यह अनुरोध कर रहा था कि छुट्टियाँ साथ ही बीतें तो क्या बुराई है? और कोई घर जाने की इच्छा भी न कर रहा था परन्तु नन्दन के मुख पर ढेर सी खुशी आ पड़ी थी और उस होस्टल में हमेशा आने वाले शेखी ताँगे वाले को बुला कर पहली ही ट्रेन से चल पड़ा। सारे सफ़र में गुनगुनाता गया—"मिले कहीं फूलो-सा प्राणी तो अपना मन वारूँ!" शेखी को क्या ज्ञान था कि इन बाबू जी की फूलो वही अशर्फी थी जिसने उसका अनादर किया था।

गाड़ी चल रही है और वह हृदय के तूफ़ानों में उड़ा जा रहा है। न जाने किस दिशा में उड़कर वह गिर पड़े, यह निश्चित नहीं। उसके 'कम्पार्टमेंट' में बैठे यात्रियों से उसे

कोई तात्पर्य नहीं। किसी ने पूछा—"कहाँ जा रहे हैं?" पहली बार सुनी-अनसुनी कर दी तब कहीं दूसरी बार संक्षेप में उत्तर दिया, "अपने घर!" फिर तीसरी बार उस व्यक्ति का साहस ही न हुआ कि पूछे—घर कहाँ है? पढ़ते हैं या नौकरी करते हैं? शादी हुई या नहीं? पढ़ते हैं तो क्या? नौकरी करते हैं तो आमदनी क्या? और ऊपर की आमदनी है या महीना सूखा ही जाता है आदि। काँच की खिड़की पर दो स्थान के चित्र आ रहे हैं—एक होस्टल और कक्षा के—दूसरे 'गाँव की फूलो' के—पहले प्रकार के चित्र पर वह कन्धा झुकाकर ऊबता-सा दीखता है और जब काँच पर फूलो अपनी गागर लेकर उतरती है तो चाहता है कि चित्र सदा ही अंकित रहे किन्तु गाड़ी की हलचल, धुआँ उसके मन के चित्र क्यों थमने दें?

…जैसे-तैसे पहाड़-सी यात्रा तय कर वह बैलगाड़ी में बैठा जो घर से आयी थी। 'नन्दू' से गाड़ीवान ने 'थरगाँव' के किस्से सुनाये और उसी सिलसिले में उसने 'सोना की बहू' का हाल भी बताया—"भय्या जिस दिन से आप गये हैं तभी से गाँव का कलंक कटा जैसे आप साथ ही लेते गये; ठाकुर साहिब तो सुनकर खुश हुए…!"

"क्या कहा? मैं साथ लेता गया फूलो को?" नन्दन ने बड़ी उत्सुकता से पूछा।

"नहीं! सरकार मेरा यह मतलब नहीं; याने जिस दिन से आप पढ़ने गये उसी दिन से फूलो ने गाँव छोड़ दिया!"

"फूलो ने गाँव छोड़ दिया? कहाँ गयी रे?"

"सो तो परमात्मा जाने—कहते हैं सास से लड़कर भाग गयी।" गाड़ीवान ने कहा तो नन्दन को अभाव सा प्रतीत हुआ। वह फिर से बोला, "हाँ एक बात और है भय्या, तुमसे क्या ताड़ के नीचे जाते समय बातें भी हुई थीं?"

"बात करना भी पाप है दीनू?" नन्दन ने कौतूहलवश पूछा पर गाँव का दीनू तो पाप ही समझेगा–यूनिवर्सिटी के दायरे में भले ही पाप न हो।

"सो तो मैं जानता नहीं–इतना अवश्य मैंने भी सुना है जब घास के पूले रखने गया कि ठाकुर साहिब कह रहे थे, अच्छा हुआ गाँव का कलंक कटा नहीं तो डाइन मेरे नन्दू को चाट जाती।"

"बस करो दीनू, बस करो, अपनी हद से बाहर न निकलो!" नन्दन ने शासन के स्वर में कहा। गाड़ीवान समझा कि चुप रहने को कहा है सो चुप हो गया। नन्दन सब कुछ समझ गया। गाड़ी की गड़र-गड़र चूँ चर्र में उसकी विचारधारा अवरुद्ध गति से बह रही थी और गाँव जाने की इच्छा निर्बल हो गयी, उसमें आशा और आतुरता न रही।

दिन भर यात्रा के बाद जब गाँव समीप आया तो थकी माँदी साँझ लौट रही थी। वन के पंछी अपने नीड़ों के ध्यान में चंचलतापूर्वक उड़े जा रहे थे। साँझ और रात के बीच में कुछ प्रकाश होता है जबकि लोग कहते हैं दिन फूला है। यह प्रकाश ही दिन और रात की संधि है और इसी दिन-फूलने के समय गाड़ी गाँव की सीमा तक पहुँच नदी का पुल पार कर रही थी। पुल की परछाईं नदी में लम्बी होकर मिट रही थी मानो कह रही हो–'देखो नन्दन, प्यार भी मेरे तुल्य चढ़कर एक दिन मिट जाता है।' और यह दिन दिन-फूलने की वेला भी कुछ कह रही थी–'काले पल आने के पूर्व भी कुछ प्रकाश होता है ताकि आदमी आने वाले समय के लिए सतर्क हो जाए।' फिर नन्दन की दृष्टि उस ठूँठ की टेढ़ी-मेढ़ी नंगी शाखाओं पर गयी और वहाँ से उठकर ताड़ के वृक्षों पर बैठी तो दिल धक्-से हो गया। ताड़ की मौन भाषा जीवन की दुख-दर्द से भरी कहानी कह रही थी और ठूँठ की हाल

ही में सिर उठाने वाली हरीभरी नन्ही कोंपलें नन्दन को अपनी लाल आँखों से बुला रही थीं, 'कहाँ जाते हो नन्दन? तुम्हारी प्यार विनिमय की जगह तो पीछे छूट गयी—देखो, इधर देखो मैं अब ठूँठ नहीं हूँ, अरे! मैंने तो अपना दिल निकालकर रख दिया और तुम गाड़ी में छिपे जा रहे हो? क्या नगर में 'मादा के अभिनय का पाठ' सीख आये हो?···बोलो नन्दन?'

और नन्दन बोल उठा—"मिले कहीं फूलो-सा प्राणी तो अपना मन वारूँ" और हाथ ठोढ़ी पर रख सोचने लगा। गाड़ीवान ने फूलो का नाम सुना तो पूछा, "क्या हुआ भय्या?"

"कुछ नहीं···अएँ कुछ तो नहीं···यूँ ही सोच रहा था कि फूलो चली गयी; अच्छा हुआ उसके जाने के बाद गाँव आया नहीं तो मुझे चाट जाती!"

बैलगाड़ी चली जा रही थी अपनी अविराम गति से। उसे क्या तात्पर्य नन्दन और फूलो की निस्सार बातों से? वह जड़ और यह चेतन!

(8)

बड़ी मुश्किल से घर पहुँचा। पहुँचते न पहुँचते सबसे मिल मिलाकर रात हो गयी। बड़ी परेशानी, न नींद ही आती है और न सवेरा ही होता है। नींद तो आ जाय चाहे कैसी भी आये। टूटी फूटी नींद में फूलो के सपने तो मिलेंगे लेकिन यही कहना पड़ता है कि तारे गिन गिनकर सवेरा हुआ और सवेरा हुआ नहीं कि नदी की ओर जाने की बात सोचने लगा—सोचने इसलिए लगा कि माँ-बाप ने रात को कुछ भी नहीं कहा। बाप इसलिए नहीं बोले कि लड़का बहुत दिनों में घर आया है, सवेरा होने दो, समझा लेंगे; माँ इसलिए नहीं

बोली कि फूलो तो है ही नहीं, क्या लाभ होगा गड़े मुर्दे उखाड़ने से? और वास्तव में बात यह है कि माँ-बाप की ममता थी इसीलिए नन्दन ठंडा रहा। हजार गलतियाँ करने पर भी लड़का धूल मिट्टी तो है नहीं—धूल का हीरा है। घर की शान्ति ने भ्रम को पुष्ट कर दिया और दीनू की बात पर उसे विश्वास नहीं हुआ। भोर होते ही नीम का दातुन करता हुआ नदी-किनारे टहलने गया। नदी गाँव की सीमा बनाती है—गाँव में कुओं की प्रचुरता है इसीलिए नदी का पानी लेने दो चार ही आते हैं। नदी किनारे नन्दन पहुँचा तो नदी की बूँद-बूँद में, वन के पत्ते-पत्ते में, पुल की एक-एक नाव में फूलो की काजल सी आँखें दिखाई दीं। वह दौड़कर पानी में कूद पड़ा और घुटनों-घुटनों पानी पारकर, उस पार गया। ठूँठ से लिपट कर रोने लगा। उसकी छुट्टियाँ ही रोने के लिए हुई थीं। उसकी आँखें रो रही थीं किन्तु उसके हृदय में फूलो की सुधि काँपती दीपशिखा-सी हँस रही थी। वह पहली बार अपने आँसू यहाँ छोड़ गया था, उन्हीं को उठाने इस बार आया था—वह अपनी पीड़ा का फूल इसी नदी किनारे पिछली विदा-वेला में भूल गया था किन्तु अब वह फूल, शूल बन गया था। वह ठूँठ पर चढ़ गया—सारे वन प्रान्त की महिमा देखी। प्रकृति की गोद में पल्लवों से भरी थी और हर पल्लव में उसकी मनभायी फूलो अपनी गागर लिये खड़ी थी। नादान लोचनों में प्यार, हाँ नन्दन का अछूता प्यार लिये। उसने चारों तरफ दृष्टि फेंकी। दूर-बहुत दूर नीली पर्वत मालाएँ खड़ी थीं—जहाँ से उसकी गाड़ी आयी थी और जिसके अंचल में फूलो के पद-चिह्न बने थे। नीचे उतरकर आया और ताड़ के नीचे रोने लगा। आँसू गिरे और उनका मिलाप फूलो के आँसुओं से हो गया क्योंकि उस दिन वह भी यहीं बैठकर रोयी थी। सिर को नीचा किये वह शायद यही

सोचता रहा कि अगर पंछी होता तो ताड़ के छेद में घोंसला बनाता, जिन पत्तियों में फूलो बैठी हँस रही है, उन्हीं को चुन लाता, घोंसले में बिछाता; जिन बूँदों में वह मुस्करा रही है वही पानी लाता; जहाँ-जहाँ उसने चरण रखे हैं वहीं की धूल में लोटता और अपने पंजों के निशानों से उसी धूल में एक अमर संगीत गाता। इस प्रकार मन में अनेक बातें उमड़-उमड़ कर उठ रही थीं कि घंटियों की ध्वनि आयी और सिर उठाकर देखा तो वन-प्रान्त की धूल उड़ाते हुए ढोर जंगल जा रहे थे। वह उठकर घर की ओर चल दिया, यही समझकर कि गाँव वाले उसकी मनःस्थितियाँ आँक लेंगे। कमज़ोरी के सिवा और क्या था? बेचारे ग्रामवासी यह यूनिवर्सिटी का 'रोमांस' क्या जानें?

उसका दिन भी मक्खियाँ मार-मारकर कटा। यही बहाना था कि चार साथियों के बीच से आकर गाँव के एकाकीपन में मन नहीं लगता। यह उसकी ख़राब आदत तभी से हो गयी थी, जब से गाँव की पाठशाला छोड़ अँग्रेजी पढ़ने शहर गया था। पिछली छुट्टियाँ तो फूलो के कारण जानी ही न गयी थीं—कब आयीं और कब गयीं? रात को घूमने का शौक था। शौक क्या था, आदत हो गयी थी। कोई ख़ास बात नहीं, यही कि पढ़ाई समाप्त कर ज़रा टहल लेने से नींद अच्छी आती है और फिर धीरे-धीरे आदत हो गयी। तो नन्दन रात को घूमने निकला। चाँदनी खिल रही थी पीले गुलाब-सी! जाता कहाँ? मुल्ला की दौड़ मस्जिद तक! एक नीली-सी किताब लिये उसी के पन्ने उलटते-उलटते नदी तक पहुँच गया—देखा कि पेड़ अपने जीवन की 'मरसिया' पढ़ रहा था। ऐसा ज्ञात हुआ जैसे उस ठूँठ की एक-एक डाल जीवन की करुण-रागिनी सुना रही थी। ताड़ की छाल राक्षसी-सी लग रही थी। नदी का पुल मरघट की

समता कर रहा था। नन्दन का मन रह-रहकर रोने को व्याकुल होने लगा। पल-पल में रजनी भी चाँदनी धारा में आँसू बहा लेती थी। उसका दिल छलनी हुआ जा रहा था ···। ठूँठ पर एक पक्षी बैठा-बैठा अपनी अन्तिम साँसें पूरी कर रहा था। तो! वह तो अपनी साँसें पूरी कर पेड़ की डाल से गिर पड़ा और जाकर नदी की गोद में सो गया, बह गया किसी निर्जन-कगार में अटकने के लिए अथवा सागर तक पहुँचकर उसकी पर्वताकार लहरों में झूला झूलने के लिए। नन्दन यह सब देखता रहा और देखता रहा, यहाँ तक कि मस्तिष्क थक गया और उसे नींद आ गयी। वह पुल ही पर बैठा था। देखता क्या है कि एक पीले रंग की तितली आकर उसकी नीली किताब पर बैठ गयी। यह सपनों के मेहमान थे। नन्दन ने आँखें चार कीं, देखा, हाँ खूब ध्यान से देखा कि वह फूलो का ही स्वरूप था। उसने पूछा, 'तुमने मेरी फूलो को देखा है?'

तितली बोली, 'हाँ, क्यों नहीं? और तुमने नहीं देखा? अभी-अभी तो बेचारी गा रही थी।'

नन्दन ने फिर पूछा, 'क्या वह पंछी थी। वही गा रही थी ठूँठ पर बैठी हुई?'

'हाँ! उसने तो यूँ ही दिन काट दिये रोते-रोते!'

'पगली कहीं की! रोती क्यों थी री?'

'कहती थी मेरा जोड़ा बिछुड़ गया है!'

'घर कहाँ था उसका?'

'इसी ठूँठ की खोखल में!'

'अकेली रहती थी?'

'हाँ, पहले जब मनुष्य की योनि में थी तब उस ताड़ के नीचे घण्टों अपने साथी से मीठी-मीठी बातें किया करती थी—बहुत-बहुत खुश थी!'

'और अब?'

'अब पंछी थी किन्तु अकेली! कहती थी मुझे जोड़ा नहीं चाहिए। नर निठुर होता है; प्यार कर भाग जाता है। प्यार करना जानता है, पर उसे निभाना नहीं!'

'अब गयी कहाँ?' नन्दन ने पूछा।

'मर गयी ठूँठ से गिरकर और कहाँ गयी? आखिरी बार तुम्हारे दर्शन कर मन की साध पूरी की!'

'तुम उसकी जीवन-कहानी सुना सकती हो?'

'मैं···मैं? क्यों नहीं? मैं तो उसकी आत्मा हूँ। अपने प्रियतम के दर्शन करने, 'पंछी का चोला' छोड़कर आयी हूँ!'

'सच!' वह आनन्दित होकर बोला, 'तुम मेरी होकर रहो, फूलो! मैं गगन के तारे, धरती की नदियों की शपथ खाकर कहता हूँ—मेरी तुम! तुम्हें मैं अपने मन-मन्दिर में आसन दूँगा।'

···और नन्दन ज़ोर से बड़बड़ा उठा, "फूलो! फूलो!!" आसपास की सारी चिड़ियाँ जाग उठीं मानो सभी उसका स्वागत करने फूलो का रूप रखकर आयी हों। उसे लगा कि फूलो एक मन से नहीं, उसे हजार मन से प्यार करती है। स्वप्न देखकर घबड़ा उठा? रात के दस बज चुके थे और वह "मिले कहीं फूलो-सा प्राणी तो अपना मन वारूँ!" गुनगुनाता हुआ घर की ओर चल दिया।

(9)

शहर की गगनचुम्बी अट्टालिकाओं में फूलो थी और नूरो। ऊँची-ऊँची दीवारें थीं, चिकने-चुपड़े प्रलोभन थे। धन था और उसका तन था किन्तु जिस दिन से शेखी ने फूलो का प्यार माँगा था, उसी दिन से उसका मन चहारदीवारी के अन्दर फड़फड़ाने वाले पंछी-सा होने लगा था। खोखला

जीवन थाम ही कितने दिन सकता था अपना अस्तित्व? नूरो के यहाँ 'अशर्फी' के आगमन ने परिवर्तन कर दिया था। प्रतिदिन वह जीवन का वास्तविक रूप उसके सामने लाकर कहती, "बोलो नूरो? मेरा पहला जीवन अच्छा था यह? उसमें आदर था, लाज थी और जीवन की चाह थी और इसमें घृणा! चाँदी के टुकड़ों में आदर, अनजाने के हाथों में लाज और पाप की कालिमा के ऊपर जीवन की पागल चाह; जीवन की चाह भी क्या—वह है यौवन की रंगीनी! सोने और चाँदी की माया से तुलने वाला प्यार! उफ!!"

और नूरजहाँ भी अपने जीवन से छक गयी थी। उसके सामने आदि से अन्त तक पाप नाचते भोर से साँझ तक की घटनाएँ जिन्होंने जीवन का रंग ही बदल दिया था, उसकी आँखें भर-भर देतीं। आँसू बहाती, सोचती शायद पाप बह जाएँ; वह चाहने लगी कि एकदम गल जाएँ, मर जाएँ, चूर-चूर हो जाएँ, बह जाएँ···बस! फूलो के सामने अब पुरानी बातें आकर उसे समझाने लगीं—"सास ने कौन-सा पाप किया जो मुझे जग के लांछन से बचाना चाहा? और नन्दन का जीवन? कैसे कटता होगा? उनका क्या, वह तो बड़े आदमी हैं, जमींदार हैं। और आज अगर सोना जीवित होता तो क्या उसकी यह दशा हो पाती? उसकी तो बात ही छोड़ो। वह तो जैसे जीवन में आया वैसे ही न आया। शादी के बाद ही वह नहीं रहा। और अब सबसे बड़ी समस्या यह है कि इस जीवन से कैसे छुटकारा मिले? यहाँ की देहलीज़ से बाहर कदम दूँगी तो कौन मेरे हाथ का पानी पियेगा? कौन मुझसे दो मीठे बोल बोलेगा? सास?—माँ-बाप तो बचपन में मर मिटे तो क्या नन्दन? शायद!"

बाहर झाँककर देखा तो आसमान की गोदी में तारे भरे थे। उसने तारे गिन-गिनकर रातें तो अवश्य काटी थीं किन्तु

आज तक वह अभागी यह न जान सकी थी कि तारे होते कितने हैं आकाश में! कुछ देर तक आकाश देखा और देखती रही। शीतल पवन बह रही थी सो कहीं की भी पाती न लाती थी। उसे भी नहीं रोक सकती थी : मन बह रहा था, उसे भी नहीं रोक सकती थी। ऊपर की छत पर फूलो और नूरो दोनों थीं। नूरो सो रही थी और फूलो जाग रही थी। छत थी, आकाश के तारे थे : पिंजरे में बन्द सोया था तोता। विस्तार था, जग था और वह थी अकेली, निराधार मानो संसार के सागर में वह निराधार नैया के समान थी; दुनिया के विस्तीर्ण मेले में वह अकेली थी बिलकुल अकेली, एकाकी समय के फेर में क्या से क्या हो गया? भाग्य के झपेटे में वह कहाँ से आ पड़ी। एक दिन था, जब उसने घर की देहरी लाँघते ही भीतर 'रूप की जोत' बाल दी थी : एक वेला थी जब उसने नन्दन से प्यार करना सीखा था, आँखों की भाषा पढ़ी थी। मन ने मन से बोलना सीखा था और एक दिन आज है—कैसा परिवर्तन?

जाने कब वह लौटी, जाने कब खाट पर लेटी और जाने कितनी देर तक उद्देश्यहीन शून्य को घूरती रही। शून्य पहले भी था और आज भी है; अन्तर इतना है कि पहले इसी शून्य में गागर लेकर उतरती थी और अब चिकना चुपड़ा यौवन—पान की लार से रंगे होठ, सुरमे से भरी आँखें और गालों की लालिमा के नीचे पाप की कालिमा का स्वागत! यही फूलो पहले फूलो थी, अब अशर्फी हो गयी है—पहले फूल-सी थी, अब चाँदी के टुकड़ों-सी होने जा रही है। फूल में भी रूप है और चाँदी के गोल टुकड़ों में भी, पर वह रूप हृदय की भाषा में लिखा जाता है, इस रूप की भाषा प्रतिदिन के साधारण जीवन की है तो फूलो हृदय की भाषा खो-खोकर, उस पथ पर आने वाली है जहाँ दुनिया का सौदा होता है—

वह रात महाकाल की रात थी। जैसे-तैसे सो गयी तो भयंकर से भयंकर सपने देखे। उसने देखा—शून्य में हज़ारों अर्थियाँ निकल रही हैं; कुछ आदमी, कुछ औरतें बच्चे सभी मरघट पथ पर चले जा रहे हैं। लोगों ने अर्थी को बाँधा, लाल-लाल चूनर डाली और चल दिये। आवाजें आ रही हैं, 'राम नाम सत्य है! राम नाम सत्य है!!' शंख बज रहे हैं; घण्टों की ध्वनि आ रही है। अर्थी में से शव ने हाथ निकाला। लो, वह बोला, 'फूलो मैं जा रहा हूँ, दूर कोसों दूर!'

आवाज नन्दन की थी : फूलो ने पूछा, 'कहाँ?' 'जहाँ से कोई नहीं लौटता!' और भीड़ चली जा रही है अविराम गति से। फूलो ने देखा नन्दन का सिर घुटा था। हाथ-पैरों की हड्डियाँ गिनी जा सकती हैं; गाल पिचक गये थे। शरीर पंजर हो गया था और अर्थी में से उसका हाथ लटका हुआ था फिर दिखाई देने लगा।

और एक आदमी है काला-सा तनिक स्थूल शरीर वाला। बड़ी-सी दाढ़ी है जिसके गले में मुर्दों के सिर की माला पड़ी है। वह गला फाड़ कर चिल्ला रहा है—बोलो भाई दम लगाकर बोलो, 'राम नाम सत्य है!'

फिर सास की अर्थी निकली। बाद को सोना की और भीड़ में से आवाज़ आयी—'राम नाम सत्य!'

...सिहर उठी, चौंक उठी और नींद टूट गयी। अपनी कमज़ोरी और इन अनहोने सपनों पर हँस पड़ी। फिर मन को सम्हाला। चाँदनी रात का भोर हो रहा था। रात भर जागने के कारण चाँदनी फीकी हो गयी थी। इतने दिनों यहाँ रहने के कारण उसे अपनी योग्यता बढ़ाने का मौका मिल गया था। लिखना-पढ़ना, सिनेमा संगीत सभी कुछ तो उसे मालूम हो गया था। जी न लगने पर उपन्यास और कहानियाँ ही तो

उसका सहारा थीं। उसने सवेरा होते ही 'सुन्दरपुर' के ज़मींदार के लड़के के नाम अर्थात् नन्दन को एक पत्र लिखा।

"मेरे देव,

आज फिर जीवन के उन पृष्ठों को खोल रही हूँ जहाँ 'पंछी का प्यार' लिखा है और जहाँ यह लिखा है कि किसी समय में दो प्राणी थे—नन्दन और फूलो, एक सुन्दर शिक्षित और सभ्य और दूसरी फूलो कुरूप गँवार और···और वे दोनों एक-दूसरे के बिना रह सकते थे।

तो वह कुरूप लड़की अब पूछ रही है कि तुमने चुप रहना कब से सीखा? मेरे जीवन के मौन-कुसुम! तुम्हारी चटुल मुस्कान कौन चुरा ले गया। उस दिन लौटते समय तुम्हीं ने तो कहा था, जाता हूँ पर कभी-कभी याद कर लिया करना! तो मैं तुम्हें कैसे समझाऊँ कि तुम्हारी याद बहुत सताती है। आज उस प्रतिज्ञा को न जाने कौन-सा दिन है और मेरे मन की साध है कि तुम्हारे एक बार फिर दर्शन करूँ! मुझे एक अभाव सा प्रतीत होता है। वह प्रेम जिसका बीजोवपन बिना जाने ही हो गया था आज मेरे अश्रुजल से सिंचकर, अंगूर की बेल की तरह दाहिने बाएँ सभी ओर फैलकर खिल चुका है। यह खिला भी कितने दिन रह सकता है? जिसे एक दिन बड़े चाव से बनाया था, उसकी मुरझाने की वेला अब समीप है।

वियोग में प्रेम का मूल्य मालूम होता है। मैं वास्तविकता से दूर हो चुकी हूँ, उससे बाहर डूब चुकी हूँ। अनजाने ही, केवल तुम्हारी स्मृति मात्र से मेरे प्राण इस पंजर में अटके हैं। आशा न होती तो प्राण-पखेरू कब के उड़ गये होते। प्रतिदिन भयंकर सपने देखती हूँ : रोज एक पीली सी छाया

आती है मर्मर ध्वनि के साथ; मेरे सामने शून्य में नाचती है बड़े-बड़े दाँत निकालकर, किन्तु मैं अपने को मधुर, रंगीन, झंकृत, ऊँचा और स्वप्निल ही समझकर बात टाल देती हूँ!

मेरे तुम! आसमान दिन में होली खेलता है और रात में दीवाली जलाता है किन्तु कितनी नीरसता, भयानकता, कठोरता, ओह! बस तुम्हीं मेरे जीवन के सम्बल हो। मेरे जीवन के सावन! क्या बरस न सकोगे मेरे मन-आँगन में?— कहने को जी नहीं चाहता और कहे बिना रहा भी नहीं जाता; जग ने मेरा आँक लिया। उस दिन मैं तुम्हारे अंक में झूल रही थी, मैंने तुमसे प्यार माँगा था...आज?...आज मैं वेश्या हूँ, नूरजहाँ की अभिन्न! मैं श्मशान के कुत्तों की चचोरी हुई हड्डी, लोगों के मुँह के थूके हुए निवाले के समान हूँ—क्षमा करना मेरे मन! क्षमा करना किन्तु यह विश्वास कैसे करोगे कि मैंने अपना प्यार किसी को नहीं बेचा है? मैं पवित्र हूँ—निष्पाप, पर कितना घृणित जीवन है यहाँ? वासना के लोभी आते हैं हृदय में एक अतृप्त प्यास लेकर, मुँह से उनके शराब की बदबू आती है, कोई कै करता है! ओह! मेरा दिल टूक-टूक हो रहा है, माथे की नसें फूल रही हैं!

उद्धार न करोगे। द्रोपदी का चीर न बचाओगे? मेरे हृदय में अभी नदी किनारे के चित्र अंकित हैं। मैं वासना की उन्मादकारी पराकाष्ठा में फँसी हुई हूँ—आओ! निकालो और हम प्रेम-सागर में डूब जाएँ, गल जाएँ, भर जाएँ, बह जाएँ। यह तो कहने का मुझे कोई अधिकार नहीं कि मुझे अंगीकार कर लो। पर इस जीवन से उद्धार न करो तो मैं अपना भाग्य कैसे जानूँ? मेरे हृदय की मरुभूमि अभी भी नदी किनारे वाले चित्र शाद्वल बनाती है। मैं वासना की उन्मादकारी पराकाष्ठा में फँसी हुई हूँ—आवो, मेरे जीवन के प्रदीप! सुखी रहो, जहाँ भी रहो यह मेरे मन की, मेरे जीवन की साध है।

पत्रोत्तर के स्थान पर तुम्हारी प्रतीक्षा में—"

···उसने अपना नाम व पता लिख कर पत्र डाल दिया। यह सब नूरजहाँ न जान सकी। उसे यह जानने की आवश्यकता ही न थी।

फूलो को पत्र मिला—

"मेरी मानिनि!

मैंने तो समझा था कि मेरे प्यार की नाव समय के प्रवाह में बह गयी, किन्तु वह तो फिर से लौट आयी। हर्ष है। सच मानो, बुरा न मानो तो कहूँ, जीवन इतनी भयंकर, हास्योत्पादक और बेकार की चीज़ है कि जीवित रहने को जी नहीं चाहता, मन ही नहीं होता। मैं तो निराश हो चुका था और तुम्हारे यह अनहोने परिवर्तन को सुन विश्वास नहीं होता कि इतनी भोली फूलो और यह आडम्बरपूर्ण वातावरण!—अब शान्ति धारण करो। जीवन के दिन उदासीनता के पार न होंगे, फूलो। इन्हें ढोना है और हरेक चीज ढोने के लिए मन में साहस की जरूरत है।

यह भी मैं मानता हूँ कि तुम पवित्र हो। मुझे तो, जब एक बार मन वार चुका, तो अपवित्रता के बारे में सोचने का अधिकार ही नहीं और तुम्हें मालूम है कि पाप और पुण्य की दूरी मेरे ज्ञान से बाहर है। आश्चर्य तो इस बात का है कि तुम पड़ कैसे गयीं इस विकट चक्कर में। घर से निकलीं, ठीक किया और उस दिन मुझे कुछ भी नहीं बताया, यह बिल्कुल ठीक नहीं किया। क्या मैं तुम्हारे लिए कुछ नहीं कर सकता था? मौन रह कर तुमने जीवन की सबसे भारी भूल की। जग बदला करे, किन्तु मैं आज भी तुम्हारा वही नन्दन हूँ जिसने नदी-किनारे बातें कर-कर जीवन पर्यन्त के लिए वेदना मोल ली है।

अधिक लिखने का समय नहीं है अगर वास्तव में प्यार किया है तो जीवन को मुफ्त में नहीं खोना, नहीं तो एक शरीर के पीछे दो प्राण निकलेंगे : अपने भाव छिपाकर हँसती रहो, बस इसी में कल्याण है! मैं तुम्हें तनिक भी न टिकने दूँगा : वहाँ की वायु में कीड़े हैं। दो एक दिन और शान्त रहो। यहाँ से पिता जी और सब लोग तीर्थ-यात्रा को जा रहे हैं—लगभग तीन माह में लौटेंगे। उनके जाने के बाद मैं फौरन तुम्हारे पास आता हूँ, प्रतीक्षा करना—

तुम्हारा नन्दन!"

(10)

सारी कहानी में हम कहना ही भूल गये कि नन्दन की यूनिवर्सिटी और फूलो का स्थान एक ही शहर में थे! नन्दन फिर हृदय के तूफानों में उड़ता हुआ, अपनी आँखों में मिलन-स्वप्न भर, तूफान-मेल में उड़ा जा रहा है। स्टेशन पर उतरा और जल्दी ही जल्दी ताँगों के अड्डे तक आया। नन्दन को देखकर शेखी बोल उठा, अरे ये तो मेरे होस्टल के बाबू हैं! और कुली के हाथों से सामान छुड़ाकर ताँगे पर रख लिया। नन्दन ने भी अधिक मोल भाव न किया; उसे तो फूलो-से प्राणी की खोज है। ताँगे पर बैठकर शेखी को बतलाया कि कहाँ जाना है। उसने सुना तो चौंककर बोला, "अरे बाबू! होस्टल न चलियेगा?" फिर तनिक हँसकर कहा—"मैं भूल गया, अभी तो छुट्टियाँ ही 'खत्म' नहीं हुई हैं!"

बातों ही बातों में चौक आ गया किन्तु नन्दन कैसे चढ़े इन कोठों पर? यह विचार उसके मन में घूमकर उसे हैरान करने लगा। शेखी बोला, "क्या सोच रहे हैं बाबू?" उत्तर मिला, "कुछ भी नहीं···चलो ऊपर सामान ले चलो!"

और नन्दन का सूटकेस होल डॉल ऊपर पहुँच गया। शेखी उलटे पाँव लौट आया क्योंकि उसका एक बार इसी स्थान पर अपमान हो चुका था। लौटते समय उसने यह अवश्य देखा कि कमरा एक गृहस्थ आदमी के कमरों की तरह है।

…नूरो ने सामान देखा तो आश्चर्यचकित! अरे! यहाँ तो सामान लेकर चलने वाले राही के टिकने का स्थान नहीं। और वहीं से बड़े कोमल स्वर में चिल्लायी, "अरी फूलो! देख तो आज हमारे यहाँ भी मेहमान आये हैं!"

…नन्दन ने देखा कि दो युवतियाँ, सफेद कपड़े पहने बहुत ही सादे लिवास में नम्रता के चित्र-सी खड़ी हैं। उनमें एक कोई अनजान है और दूसरी फूलो है।

फूलो आँखें खोलकर भी न देख पायी कि नन्दन उसके घर आया है। वह इस अनहोनी बात पर विश्वास न कर सकी।

फिर नूरजहाँ ने देखा कि उसकी अशर्फी झुककर उस आगत मेहमान के चरण छू रही है और वह मेहमान जल भरी आँखों से फूलो की बिना काजल वाली आँखें देख रहा है।

…फिर उस अनजाने मेहमान की कहानी नूरजहाँ ने बड़े ध्यान से सुनी और कहा, "फूलो! तू धन्य है!"

(11)

पर वह मेहमान, वह जीवन में पहली ही बार 'नूरजहाँ' के यहाँ आने वाला मेहमान अधिक दिन तक उसके यहाँ नहीं रह सका, इसका नूरो को बहुत दुख है। न तो नूरो ही कह सकी कि रुक जावो और न फूलो ने ही यह कहा कि नूरजहाँ अब अपने पड़ोसियों के समान नहीं है। नन्दन भी नूरो को समझ नहीं पाया क्योंकि उसकी आँखों में फूलो का प्रश्न

अधिक ऊपर था।

फिर एक दिन जब कि आषाढ़ था और नभ में हल्के-हल्के बादल छाये थे, नन्ही-नन्ही बूँदें गिर रही थीं, नूरो ने भारी मन से नन्दन के साथ फूलो को विदा किया। विदा करते समय वह यह न भूली कि अपनी लड़की की शादी के बाद उसे विदा करने में क्या-क्या चीजें चाहना होती हैं और विदा-वेला में उसके भविष्य का पथ कितने गरम आँसुओं से सींचा जाता है; उसने अपनी सारी कमाई के गहने, कपड़े देकर अशर्फी को फिर से फूल-सी फूलो बनाकर विदा किया। ऊपर वाले कमरे की खिड़की खोल वह देखती रही कि वही शेखी न जाने क्यों खुशी-खुशी नन्दन और फूलो को अपने आज ही के लिए सजे सजाये ताँगे पर बैठाए स्टेशन जाने को तैयार खड़ा है। जैसे अपनी भूल का पश्चात्ताप उसे ज़रूर ही करना है।

"जाती हूँ नूरो बहिन! कभी जीवित रही तो मिलूँगी।"

"नहीं नहीं, इसी सावन में नन्दन भय्या को राखी बाँधने आऊँगी तो गाँव ही में किसी जगह टिक जाऊँगी! एक साथ ही चले थे और एक साथ ही चलते रहेंगे जिन्दगी की राह पर!"

नन्दन ने बिना कुछ बोले, हाथ उठाकर नमस्ते किया। और ताँगा रिमझिम-रिमझिम बूँदों की गोद में, खिड़की खोलकर देखने वाली नूरो की आँखों से ओझल हो गया।

कमरे की ओर मुड़कर नूरो ने माथे पर, नव-आगत मेहमान की विदा में, चिपकी बूँदें पोंछीं जो साँवला आषाढ़ दे गया था और प्रसन्न मुख से यह सोचने लगी कि सावन में नन्दन ज़मींदार के तिलक के लिए क्या ले जाता है।

किसी भी तरह हो अशर्फी ने उन गगनचुम्बी प्रलोभनों से छुटकारा पाया—वे दिन भर इधर-उधर गँवाकर साँझ

होते-होते रूपपुर पहुँच गये।

(12)

…तीर्थ यात्रा से लौटे हुए माता-पिता ने देखा कि फूल-सी फूलो उनकी पद-रज लेने के लिए अधीर खड़ी है! पहले ठाकुर साहिब कुछ न समझ सके, फिर जैसे जेठ की जलती गरमी के उपरान्त आषाढ़ के सुन्दर घन धरा की छाती को सुखी कर देते हैं, वैसे एक बार लाल-लाल आँखें कर, फिर आँखों के ही बहाने उनकी खुशी के आँसू फूट निकले और माताजी ने बहू का सिर सूँघा।

फिर अँधेरा घिरने के पहले ही उसके पैरों ने उसे प्रथम प्यार के चिन्हों को देखने बाग में पहुँचा दिया। नन्दन की प्रतीक्षा में अपलक आँखें लिये बैठी है। किन्तु जब आम के पेड़ के नीचे जाकर देखा तो पाया कि फूलो ने प्राण त्याग दिये थे जाने क्यों? लोगों का कहना है—शाम को घर लौटते हुए किसानों, चरवाहों ने उसे देखा और जैसे-तैसे कटने वाले गाँव के कलंक को पुनः गाँव में घुसते जान उसका अन्त कर दिया।

(13)

नन्दन अब रूपपुर का जमींदार है, उसने फूलो की समाधि बनवा दी है। समाधि का ऊपरी हिस्सा सदा ही फटा रहता है। लोगों का कहना है कि फूलो की आत्मा रोती है, इसीलिए वह समाधि फट जाती है। नन्दन रोज शाम-सुबह उसकी पूजा करता है और गाँव वाले जमींदार की बात नहीं टालते : वे भी उसे 'प्रेम की देवी' मान उस पर फूल चढ़ाते हैं। वे 'पुन्य' लूटने से क्यों बचें?

यह जीवन पथ के राही की कहानी है। ऐसी कहानियाँ जीवन

का सत्य हैं जो दुनिया के हर साधारण मनुष्य का हाथ पकड़ उसी की कहानी बन जाती है—और हर मनुष्य की कहानी आलेख्य नहीं—इसीलिए विश्वास नहीं होता। परन्तु यह कहानी जीवन का अंग है जिसमें सत्य है, जीवन के दो राही थे; जीवन की राह आये; न जाने क्यों उनके हृदय एक दिन अनायास ही पास-पास आ गये, और फिर अपनी राह चल दिये : न दुनिया पर उन्होंने रंग छोड़ा और न उनका रंग ही दुनिया ने पसन्द किया। उनकी अमर कहानी हमें इतनी ही मालूम है।

(1941)

मन के सपने

जब राजकुमारी मधुलेखा ने यौवन के प्रथम सोपान पर पग रखा तो उसके अंग-अंग में कनक-मदिरा बिखर गयी। उसने जब शैशव की पलक मूँदी यौवन की उनींदी आँखें खोलीं उसे दीखने वाले विश्व में उन्माद बिखर गया। पिता की मृत्यु के उपरान्त राजमाता ने उसको एक शब्द भी न कहा इसलिए उसकी चंचलता और भी चंचल होती गयी; और सारे कर्मचारियों की आँखों की तारिका निशिदिन किले के एक कोने से दूसरे कोने तक किले से लगकर बहने वाली पहाड़ी नदी के दोनों पार घोड़े पर घूमती रहती।

देवगाँव के विद्यालय में राजकुमारी मधुलेखा अध्ययन करने जाती और विद्यालय के सम्पूर्ण राजकुमारों और राजकुमारियों के साथ वह स्वच्छंद विचरती। थोड़ी सी दूरी पर बसे हुए 'वनगाँव' की राजकुमारी मुकुलिता भी वहीं आती; किन्तु यह अभी नवागन्तुका थी। राजकुमारी मुकुलिता, मधुलेखा की सहपाठिनी, 'मुकुल-सा हृदय लिए', रूप की सजीव प्रतिमा और लाज के रंग में रँगी थी। वह हँसती तो उसकी शशि-आभा से विद्यालय की शोभा में चार चाँद लगते, वह चलती तो केतकी के फूलों की इच्छा होती कि उसके चरण चूम लें। मधुलेखा उससे रूप में हार गयी, यौवन की दौड़ में उससे पीछे रह गयी—पहली बार ही मधुलेखा के

मदिर नयनों ने स्वीकार कर लिया कि वे राजकुमारी मुकुलिता के यौवन उन्माद पूर्ण नयनों के सामने अपना अस्तित्व थाम सकेंगे।

धीरे-धीरे दोनों ने एक-दूसरे को देखा, पहचाना और फिर अन्तर में देखना चाहा। मुकुलिता मधुलेखा से अधिक चतुर थी और राज्य की ओर से एक बार उसे स्वर्ण पदक भी मिल चुका था। कक्षा के पूर्ण विद्यार्थियों का वह रहस्य हो गयी किन्तु मधुलेखा ने यह रहस्य सुलझाने का प्रयास किया और एक दिन जब आकाश मेघाच्छन्न था, सारे राजकुमार और राजकुमारियाँ 'वन भोज' को सफल बना रहे थे, उसने मुकुलिता की एक पुस्तक में अपने विहाग का चित्र रख दिया। जब 'वन भोज' के लिए 'केतकी के वृक्षों' के पास पूर्ण विद्यालय बैठा था, मधुलेखा ने अनायास ही मुकुलिता की पुस्तक उठा ली और चित्र को देख आश्चर्य करने लगी। चित्र सभी ने देखा—उसके नीचे लिखा था, 'तुम्हारा विहाग!' 'वन भोज' में हँसी फैल गयी और मुकुलिता का छुई-मुई-सा हृदय इस अनायास घटना से मुरझा गया, उसके मृगनयन आँसुओं में तैरने लगे। किसी ने साथ न दिया किन्तु मधुलेखा ने पास के झरने तक ले जाकर मुँह धुलाया और उसे आश्वासन दिया। वह चुप हो गयी : उसके अन्तर में विहाग के प्रति भावना सी उत्पन्न हो गयी—मधुलेखा ने मुकुलिता को प्रथम बार ही देख उसके पास जाने की इच्छा की, उसके जीवन में पदार्पण करने का प्रयास किया और इस घटना के उपरान्त यह इच्छा और भी उत्कृष्ट हो उठी कि मुकुलिता जैसी रूपवती यदि उसके अग्रज विहाग की हृदयेश्वरी होती···! राजकुमार विहाग से मधुलेखा ने उस सुन्दरी की प्रशंसा की और यहाँ तक कि राजकुमार विहाग सुनते-सुनते ऊब गये। एक दिन जब विहाग अस्ताचल पर

ऊँघते हुए सूर्य का चित्र बना रहे थे, मधुलेखा ने कहा, "और क्या! मुकुलिता का चित्र तो स्वप्न में बनता ही है, अब सन्ध्या का ही सही!"

"तुम्हारा तात्पर्य!"

'यूँ ही···अंगूर अब खट्टे हो गये हैं!"

यह बात विहाग को भली न लगी। मधुलेखा अपने भवन में चली गयी। विहाग बैठे-बैठे सोचने लगे, क्या वास्तव में मुकुलिता···इतनी सुन्दर है?···और वह? वह भी किसी राजकुमार से कम नहीं। गौर वर्ण, इकहरा बदन, सुन्दर मुख और प्रतिभाशाली किशोर है। मधुलेखा की चंचलता उसके गाम्भीर्य में मुखरित हुई है, उसने भी अनगिन सुन्दरी देखी हैं। उसके कानों ने भी रूप की सीढ़ियों पर चढ़ती हुई मधुर रुनझुन सुनी है किन्तु आज तक उसकी कल्पना सुन्दरी को कोई जीत नहीं सका है उसे दो बातें आती हैं—कविता और चित्रकारी, और वह विश्व से दूर, किले के एकाकी भवन में बैठा-बैठा कल्पना के खिलौनों से खेला करता है। उसके भवन के वातायन से प्रकृति के आँगन में अनेक चित्र दिखाई देते हैं जो कि कभी कविता में, कभी चित्रों में परिणत हो जाते हैं—

अपनी कल्पना में विहाग बह रहे थे कि मधुलेखा ने, "क्या सोच रहे हो भय्या" कहकर ध्यान भंग कर दिया। "कुछ भी नहीं लेखा!" उत्तर दिया किन्तु मधुलेखा की आँखों ने पढ़ लिया कि विहाग का मन किसी अज्ञात लोक में विचर रहा है!···वह फिर अपने भवन में चली गयी।

···दूसरे दिन प्रातःकाल विद्यालय में दोनों मिलीं। वैसे तो विहाग भी देवगाँव के विद्यालय में अध्ययन करते थे पर उनका विभाग अलग था। मधुलेखा मुकुलिता को अपने विहाग के दर्शन कराना चाहती थी इसलिए उसके पीछे पड़ी

रही कि राजमाता ने उसे बुलाया है। मुकुलिता ने कारण पूछा किन्तु उत्तर न मिला। मधुलेखा समझ गयी कि बिना माता-पिता की आज्ञा के वह नहीं चलेगी।

कारण यह था कि 'देवगाँव' 'राज्य' की राजकुमारी थी मधुलेखा और विद्याध्ययन के उपरान्त उस राज्य के होने वाले नरेश थे 'राजकुमार विहाग'! वनगाँव, इसी राज्य के अन्तर्गत एक छोटा-सा राज्य था और इसके राजा को 'कर' देना पड़ता था। देवगाँव के किले पर बुंदेलों का अधिकार था—विहाग एक बुंदेला राजकुमार था—पिता की मृत्यु के उपरान्त चाचा ने राज्य का प्रबन्ध किया, पर उत्तराधिकारी राजकुमार विहाग ही थे।

मधुलेखा ने जीवन में कभी हार न खाई थी। जब विद्यालय से छुट्टी हुई तो मुकुलिता के रथ में आ बैठी। उसने पूछा, "क्यों, क्या तुम्हारा रथ नहीं आया!" "आया था पर आज तुम्हारी माता जी से मिलना है!"···और रथ दोनों राजकुमारियों को लेकर हवा से बात करने लगा : लगभग तीन मील की दूरी पर वनगाँव का राज्य बसा था। छोटी-छोटी पहाड़ियाँ, बाग़-बगीचे, पीछे छोड़ते-छोड़ते मुकुलिता का छोटा-सा भवन आ गया। भवन छोटा अवश्य था किन्तु सुन्दर था और फूलों से घिरा था···

मुकुलिता हर्ष विभोर थी क्योंकि शायद पहली बार उनके देश की राजकुमारी उनके घर आयी थी। उसकी माता ने बहुत कुछ उसके विषय में सुन रखा था और मधुलेखा को अपने अतिथि रूप में देखते वे घबड़ा गयीं कि राजकुमारी का स्वागत कैसे हो?···पर चपल बुद्धिमत्ता मधुलेखा ने उनके मुखाकृति की बदलने वाली रेखाएँ पहचान लीं और कहा, "माँ जी आप अधिक कष्ट न करें, मैं केवल इतना कहने आयी थी, राजमाता की इच्छा है कि मुकुलिता हमारी

अतिथि बनें!"

"ओह! अहो भाग्य, राजमाता के वचन कौन टाल देगा? आज तो हमारे भाग्य जगे जो तुम यहाँ पधारीं और मुकुल को राजमाता ने देखना चाहा!"···

फिर दूसरे दिन—

जब फूलों के वन में सूर्य की अस्ताचलगामी किरणें सोना बरसा रही थीं और सुनहरी धूप में मधुमक्खियाँ उड़ रही थीं, केतकी के वृक्षों को पार करके एक रथ राजभवन के सामने आ रुका जिसमें से लज्जानत मुकुलिता और मधुलेखा उतरीं। मुख्य द्वार पर ही राजकुमारी के आगे अनेक नर-नारियों ने सिर झुकाया। मुकुलिता ने यह वैभव पहली ही बार देखा इसलिए कुछ अपरिचित-सा लगा। राजमाता के भवन में प्रवेश करते ही मधुलेखा ने बातों की लच्छी खोलना आरम्भ किया—"माँ! आज तो मैं मुकुलिता को ले ही आयी। मुकुल! यही माता जी हैं।"

राजमाता ने इस मुकुलित रूप को देखकर आँखें सफल कीं और बहुत-बहुत स्नेह के साथ बोलीं : "भली आयी बेटी, भली आयी! मैं तो तेरी प्रशंसा सुनकर नित्य ही यह चाहती हूँ कि ऐसी सुन्दर बेटी मेरे ही घर में रहे : मधुलेखा तो तेरे पीछे पागल है; विहाग से इसने तेरी कितनी प्रशंसा की है!"

राजभवन का वैभव, दास दासियाँ और राजमाता का ही इतना स्नेह पाकर मुकुलिता का हृदय हिलने लगा। वह कैसे सोच सकती थी कि यहाँ भी उसका उतना ही आदर हो सकता है जितना विद्यालय में? जिस कमरे में वह बैठी थी, वह एक गोल कमरा था। बीच में एक फव्वारा था और दीवारों पर बहुत सुन्दर चित्र टँगे थे जिनमें लगभग सभी के नीचे 'विहाग' लिखा था। मुकुलिता का कंठ रुँध गया, वाणी

मूक हो गयी और वह कुछ कह न सकी।

राजमाता चली गयी और वह वहीं खड़ी रही। कुछ देर मौन रहने के बाद मधुलेखा ने जब बैठने को कहा तो वह संकोच भरी सी बैठ गयी। मुकुलिता को आरामपूर्वक बिठाने के पश्चात् मधुलेखा उस कमरे के बाहर आयी। विहाग के भवन की ओर जाने को सोचने लगी। "ज़रा बैठना। मैं अभी आयी," कहकर वह चली गयी। मुकुलिता और भी अनमनी परिस्थिति में आ पड़ी। बिलकुल अकेली रह गयी। 'कोच' से उठी तो एक किनारे की सुसज्जित 'ड्रेसिंग टेबल' के सम्मुख खड़ी हुई। आईने में उसका मुख दिखाई दिया और अनायास ही इतनी प्रशंसा के बीच में उसका स्वाभिमान जाग उठा। हल्के नीले रंग की साड़ी, माथे पर लाल बिन्दी और कानों के बड़े-बड़े 'ईयरिंग' वह देखने लगी। उसे अपने साधारण कमरे का ध्यान आया 'क्या इतनी रूपवती कन्या साधारण घर में रहने के योग्य है?'—यह बात उसके मन में आयी और आँखों के सामने एक सुनहले स्वप्न-सा जीवन घूम आया। वह उस कमरे में घूमने लगी, गुनगुनाने लगी और प्रत्येक चित्र का निरीक्षण करने लगी। एक-दूसरे कोने में छोटी सी टेबिल के ऊपर एक चित्र रखा था जिसके नीचे, 'तुम्हारा ही विहाग!' लिखा था।

"ओह! आप यहाँ?" कहकर उसने एक ठण्डी साँस भरी और अपने चारों ओर एक सशंकित दृष्टि फेंककर उस चित्र को उठाकर हृदय से लगा ही रही थी कि किसी के पैरों की आवाज़ आयी—देखा तो सामने 'मधुलेखा!' 'धक्' से हृदय हो गया और चित्र हाथों से छूटकर गिर गया। उसका काँच फूट गया और नंगी तस्वीर रह गयी, मारे डर के काटो तो खून नहीं। उसने तत्क्षण ही झुककर काँच उठाना चाहा किन्तु उसकी अँगुली में काँच गड़ गया और खून निकलने लगा।

इतने में राजकुमार विहाग भी आ गये। किसी की चीख़ निकलती सुनी जिसमें दर्द था, निमंत्रण था और कुछ आदेश—बोले, "क्या हुआ लेखा?"

"कुछ तो नहीं!" इस उत्तर से विहाग का कौतूहल और भी बढ़ा और वे आ ही गये। उन्होंने समझा कि लेखा की सहपाठिनी को काँच लगा है—सहपाठिनी कोमलांगिनी है और उसे असह्य पीड़ा है, तत्क्षण ही अपने रूमाल से उसके हाथों का खून पोंछ दिया और ड्रेसिंग कर दी। इसके पश्चात् उन्होंने देखा कि वह वही मुकुलिता है जो कि उनके विद्यालय की सर्वप्रिय लड़की है और जिसकी प्रशंसा उनकी लेखा ने मुक्त कंठ से की है!

लेखा बोली, "आप ही हैं 'वनगाँव' की राजकुमारी सौन्दर्य लता मुकुलिता देवी!"

"और आप ही हमारे भय्या राजकुमार विहाग जिनका चित्र…!"

"अभी मुझसे फूट गया, क्षमा करियेगा!" लेखा की बात काटकर मुकुलिता ने कहा। जबकि मुकुलिता आगे कहना चाहती थी कि जिनका चित्र एक दिन तुम्हारी पुस्तक में पकड़ा गया था और बुद्धिमती मुकुलिता ने बात ही पलटकर राजकुमार से क्षमा माँग ली।

"क्या चित्र फूट गया?" विहाग ने जिज्ञासा की।

"जी, चित्र का काँच फूट गया, इसी से तो मेरी अँगुली से ख़ून निकला!" मुकुलिता ने उत्तर दिया!

राजकुमार विहाग ने चित्र देखा : चित्र मुकुलिता के हाथों में था और काँच ज़मीन पर। मुकुलिता की आँखें क्षमा माँग रही थीं कि इतने में ही राजमाता आ गयीं। उन्होंने सब को साथ ले जाकर जलपान कराया। चित्र की कहानी, उसी कमरे में समाप्त हो गयी जलपान के बीच में लेखा बोल

उठी, "भय्या! मुकुल गाती अच्छा है!"

'ऐसा क्या?' विहाग ने समर्थन किया।

"अजी; यह कहीं गाने का समय है?"

"देखो मुकुल! भय्या के सामने तो गाना ही पड़ेगा! और भय्या कविता करते हैं, वे तुम्हें कविता सुनाएँगे!"

"सच?"

"जी, मुझे कविता जैसी वस्तु से घृणा है!"

किन्तु कल्पना सुन्दी 'महामाया' से नहीं लेखा ने अपने चंचल नयनों को मटकाकर कहा, "हाँ तो मुकुल! एक अच्छा सा गाना!" विहाग ने आग्रहपूर्वक कहा।

न जाने क्यों वह विहाग का आग्रह न टाल सकी और बहुत दबे कंठ से उसने एक गीत उठाया, "झरि लागै महकिया गगन घबराए!"

मुकुलिता के स्वरों में विहाग की कल्पना को एक सामंजस्य मिला। अन्य बातों को छोड़कर एक ऐसी वस्तु मिली जो विहाग के अन्तःकरण में उलझ गयी।

गीत समाप्त करती हुई वह बोली; "देखिए मैं कहती थी न कि मुझे गाना नहीं आता!"

"यह तो आप मुझसे पूछें!" विहाग ने उत्तर दिया।

"और क्या? भय्या से पूछिए कि आपके स्वर में कितना संदेश है! इतना तो शायद महामाया के कंठ में भी नहीं!"—मधुलेखा ने भय्या को विचलित करने के लिए कहा तो, किन्तु वे उठकर दूसरे कमरे में चले गये। उनकी कविता वाली बात मुकुल के मन में अधूरी ही रह गयी और 'महामाया' नामक संज्ञा की उत्पत्ति हो गयी। विहाग के जाने के उपरान्त मुकुल ने लेखा से प्रश्न किया, "यह महामाया!"

इसके उत्तर में लेखा मुक्त रूप से हँस दी और हँसते-हँसते उत्तर दिया, "पगली! अरी तू क्या जाने कि

महामाया कौन है? एक दूरागत राजनर्तकी, पिता के समय में हमारे यहाँ आयी थी उसी की पुत्री है, भय्या की सहेली! तुझे नहीं मालूम? अपने ही विद्यालय में अध्ययन करती है! क्यों? तुम्हारा क्या तात्पर्य उस महामाया से?"

"कुछ तो नहीं!" मुकुल ने उत्तर दिया। फिर लेखा विदा लेकर अपने गाँव चली गयी क्योंकि अँधियारा घिरने लगा था और कुछ ठंडी बूँदें भी गिरनी आम्रभ हो गयी थीं—

इस अनायासिक मिलन ने दोनों के अन्तर में एक अद्भुत राग उत्पन्न कर दिया। राजकुमार विहाग के अन्तर में महामाया और मुकुलिता दोनों झाँकने लगीं—वह सोचता; मनुष्य के लिए प्रेम आवश्यक है, वह भी एक धर्म है किन्तु महामाया? ऊँह! क्या हानि है? मधुशाला में एक प्याले का स्थान दूसरा प्याला ले ही लेता है क्या यह न्यायसंगत है? ...और वह सोचती; क्या मनुष्य भी इतना मधुरभाषी होता है? मैं क्यों उनसे दूसरी बार मिलना चाहती हूँ? मेरी आँखों में वह चित्र कैसे नाच रहा है? क्या यह भी एक जीवन है? आदि बातें सोचते-सोचते वह सो गयी। जब वियोग की रात का भोर हुआ तो दोनों ने पाया कि पलकों पर आँसुओं की माला चढ़ी है!

कहानी यदि यहीं समाप्त हो जाती तो मन के सपनों का अन्त हो जाता और प्रथम मिलन के कारण उठने वाली तरंगें दोनों के अबोध हृदय में सदा के लिए थककर सो जातीं, पर इससे उनको मिलता ही क्या? वह वस्तु जो कि वे दुनिया से छिपाकर भी छिपा न सके, कैसे उत्पन्न हो पातीं? दोनों की प्रेम कहानी, लिख रही थी मधुलेखा, उसने कहानी को जन्म देकर उसे शून्य में विलीन होते न देखना चाहा। वनगाँव और

'देवगाँव' की राजकुमारियों में घनिष्ठता बढ़ती गयी और उसे उनकी माताओं ने भी न रोका—यहाँ तक मुकुलिता दो-दो दिन तक मधुलेखा के साथ रहा करती और उसके माता-पिता को तनिक भी आपत्ति न होती। परिस्थितियाँ क्रमशः मन के अनुसार ही आती गयीं जिन्होंने इस अज्ञात रूप से जम जाने वाले पौधे को पनपने और फूलने फलने की आशा का समय दिया। एक दिन अधिक वर्षा के कारण विद्यालय जाना न हो सका और मुकुल लेखा के साथ ही थी। दोपहर तक पानी अधिक जोर से बरसा और एक बार तो इतनी जोरों की आँधी आयी कि महल के सारे वातायन बन्द करने पड़े। अनायास ही अवसर पाकर मुकुलिता विहाग के शयनागार में जा पहुँची। वहाँ कोई न था और वह वातायन खोलकर नीचे की ओर बहता हुआ पहाड़ी झरना देखने लगी—झरना बरसाती उमंगों को समेटकर आगे बढ़ रहा था—उसे कुछ ध्यान हो आया—झरना उमड़ रहा था और मुकुलिता के अन्तर में एक द्वन्द्व उमड़ रहा था। वह निमग्न थी और उसे ध्यान ही न था कि वह विहाग के शयनागार में अकेली बैठी है—

सहसा ही विहाग ने आकर देखा कि मुकुल वातायन से नीचे की ओर कुछ देख रही थी। वह उसके पीछे आकर खड़ा हो गया परन्तु मुकुल का ध्यान न टूटा—

"क्या देख रही हो, मुकुल?" सहसा ही जैसे किसी बच्चे का खिलौना फूट जाय, जिसका बच्चे को दुख हो और इस बात का भी डर हो कि उसने अपराध किया है इसी प्रकार मुकुल निरुत्तर हो मारे लाज के किनारे हट कर खड़ी हो गयी।

"तुमने क्या देखा, नीचे?"

बड़ी मुश्किल से मुकुल के बोल फूटे, "और?"

"और उसमें न समाने वाली बरसाती लहरें!"

"लहरें उमड़ क्यों रही थीं?"

"बरसाती यौवन!" कह तो गयी किन्तु भागने का प्रयास करने लगी और द्वार की ओर पैर बढ़ाए।

"तुमने अपराध किया है!"

"दंडनीय हूँ!"

"क्या दंड दिया जाए!"

"जो आपकी इच्छा!"

"तुम्हें मेरी ओर देखना होगा एक सुखद मुस्कान के साथ!"

दंड असहनीय था प्रत्युत इच्छा रहित होकर भी स्वीकार किया और एक साधारण रूप से, बिना किसी प्रयास के उसने ऊपर देखा तो बरबस हँसी आ गयी। फिर लाज के मारे गर्दन नीचे कर ली!

"अब बनने से क्या होता है सखी? तुम्हारी मुस्कान तो प्लेट पर क्या, भय्या के हृदय के प्लेट पर आ चुकी है!" लेखा ने एक कटी सी बात कह दी। मुकुलिता के काटो तो खून नहीं!

मधुलेखा इस नाटक को भलीभाँति निर्देशक की भाँति चला रही थी। दोनों के जीवनाकाश में प्यार के बादल घिरना आरम्भ हो गये थे किन्तु उनमें अभी बेबसी थी। मधुलेखा शायद यह जानकर भी कि मुकुलिता उसकी भाई की जीवनसंगिनी न बन सकेगी, सरासर नादानी किये जा रही थी। आशा के भावी सपनों ने उसके विवेक को ढँक लिया था।

उधर महामाया के जीवन में एक नयी समस्या उठ खड़ी हुई। उसके प्रति विहाग की बढ़ती हुई उदासीनता ने महामाया के हृदय-प्रदेश में एक द्वन्द्व मचा दिया जिसका शान्त होना तो दूर रहा प्रत्युत असम्भव हो गया। साँझ होते ही वह चौमुखी दीया जलाकर विहाग की प्रतीक्षा करती किन्तु उसकी प्रतीक्षा—पलकों के स्वप्न, भोर होते-होते धुलकर बह जाते और वह अनमनी सी अँगड़ाई भर व्याकुल हो उठती—पैरों की नूपुर रात भर मौन रहती, सितार के तारों पर अँगुलियाँ रखी की रखी रह जातीं और उसकी आँखें जल उठतीं। बाल संगिनी महामाया से यह अनोखा विराग क्यों? अनायास ही पास आने वाले दो फूल कौन सी वायु से अलग-अलग हो गये?—महामाया अपने मन से पूछती, पर उत्तर नहीं पाती!

वास्तव बात कुछ और ही थी। महामाया समझती थी वह विगाह की प्रेयसी है, उसका विहाग के हृदय पर अधिकार है। विहाग समझता था कि महामाया एक गायिका है एक कला की चेरी है इसीलिए वह उसे पूजता था—विहाग की वाणी महामाया की प्रशंसा के लिए नहीं बल्कि उसकी कला की प्रशंसक थी। फिर भी विहाग के हृदय में महामाया के लिए स्थान था। महामाया और मुकुलिता—दोनों ही अपने में पूर्ण थीं। एक लाज की प्रतिमा थी, दूसरी का रूप गीतों में मुक्त होकर बहता था। विहाग की प्रतीक्षा में आज महामाया की चौथी रात बीती थी—कैसे बीती थी, सो महामाया ही जाने! आखिरकार उसने आज विहाग के भवन तक ही आने की ठानी और मानिनी महामाया आज किसी निस्सीम आकाश में उड़कर विहार करने वाले विहाग को मनाने चली।

आँखों में खुमारी थी, हृदय में आँधी और तूफानों का

वेश तथा नस-नस में बँधी हुई जल धारा के समान शक्ति थी। पैर लड़खड़ा रहे थे। वह उठी; सितार एक ओर रखा और चलने लगी। रात बीत चली थी। चाँदनी पीली होकर चमेली के फूलों पर आ थमी थी।

महामाया ने देखा? हाँ, अवश्य देखा—परन्तु विश्वास? उसे विश्वास करना ही पड़ा।

शान्त नदी में एक नौका स्थिर खड़ी थी : आसपास के पेड़ पत्ते अभी जागे नहीं थे। सारी रात जागने वाले दो प्राणी अलसायी सी बातें कर रहे थे—

"मुकुलिता!"

"विहाग?"

"तुम आती हो···!"

"तो आपका समय खराब जाता है?"

"ना-ना! ओह! यह कैसे सोचा तुमने?"—

बातें पूरी नहीं हो पायी थीं कि पत्तियों की खड़खड़ाहट हुई और किसी के आने की आवाज हुई। महामाया ने धीरे-धीरे पैर बढ़ाए और किनारे की चट्टान पर आ खड़ी हो गयी। विहाग ने देखा। मुकुलिता देखकर भी न देख पायी, "ओह! महामाया, तुम?"

"हाँ राजकुमार!"

"कहो, आज सवेरे ही सवेरे कैसे? और तुम्हारी दशा क्या है यह?"

"कुशल हूँ, महाराज! क्षमा कीजिए!"

"हाँ हाँ बोलो!"

"अब कब तक वीणा चुप रहेगी? अब नूपुर कब बोलेंगे, प्रियराज?"

"मैं समझा नहीं!" विहाग घबराकर बोले—

यह उत्तर सुनकर महामाया की आँखों के आगे अँधेरा

छा गया? सहसा पैरों तले की माटी खिसक गयी। इस विराग का अर्थ भी एक रहस्य था। "आओ, नौका पर आओ, दूर क्यों खड़ी हो?" विहाग ने बुलाया तो महामाया के पैरों को चलना ही पड़ा।

"मुझे नींद आ रही है!" मुकुलिता बोली और उसने अपनी आँखों की भाषा में विहाग से पूछना चाहा कि मेरी अमराई में यह कैसा अतिथि आया है?

फिर विहाग ने मुकुलिता और महामाया का परिचय कराया। दोनों ने एक दूसरे से मिलकर प्रसन्नता-सी प्रकट की, पर दोनों को अपनी-अपनी आराधना पर विश्वास था, इसलिए शंका का रूप अधिक बड़ा नहीं हुआ। अब सवेरा होना ही चाहता था कि विहाग ने माँझी को भवन के किनारे तक चलने की आज्ञा दी। मुकुलिता और महामाया एक ही नौका पर बैठी-बैठी आगे बढ़ने लगीं।

दीवाली आयी : घर-घर दीप जले। अमावस्या का सारा अंधकार सिमटकर दीपों की शिखा में जल गया और विहाग के महल में भी जगमग-जगमग आलोक जागा।

महामाया ने बन्दनवार बाँधे : और उस रात विहाग को सर्वोत्तम गान सुनाने की प्रतिज्ञा की : हृदय के हृदय की अनुभूति उसने गीतों में उँड़ेलकर विहाग को रिझाने की बात सोची, वह फूल उठी, उसका मन तन से बाहर गया; वह नाच उठी, और उसके नूपुरों की छम-छम पर दीपक की लौ भी अपना सिर हिलाने लगी। वनगाँव की राजकुमारी ने भी अपने गाँव की शमा को पूर्णिमा बना दिया और थाली में घी के दीप जलाकर देवगाँव जाने की बात सोचने लगी। उसकी आँखों में विहाग रूप से माधुरी छायी थी, विहाग मुकुलिता

के आँखों में समा गये थे। परन्तु रात को देवगाँव जाने की बात अपने माता-पिता से कैसे पूछे? यही एक समस्या थी। मुकुलिता लाज के बन्धन न तोड़ सकी। आखिरकार उसने अपने एक विश्वासपात्र सेवक के हाथ पत्र लिखकर भेज दिया और दीवाली की रात्रि को अभिलाषाओं की समाधि पर सुधि का दीपक जलाती रही।

दूसरे दिन अभाग्यवश वह पत्र विहाग को न मिलकर महामाया के हाथों में आया। वह पढ़ने लगी–

मेरे विहाग!

तुमने मेरे जीवन की गति मोड़ दी है, यह मैं आज अनुभव कर रही हूँ। आज की दीवाली ने मेरे अन्तर का दीप जलाकर मेरे जीवन का अन्धकार जगमगा दिया है। विवश हूँ–अन्यथा दर्शन करती और यह आरती की थाली भी धन्य हो जाती। पत्र पाकर आश्चर्य न करना और मुझे समझने का प्रयास भी करना–अपनी सब शुभ कामनाओं के साथ,

तुम्हारी

'मुकुल'

महामाया के ऊपर घड़ों पानी गिर गया और सारा रहस्य खुल गया। वह किंकर्तव्यविमूढ़ हो गयी। उसके स्वाभिमान को ठेस लगी तथा इस प्रेम कहानी का अन्त करने का उपाय सोचने लगी–आखिरकार उपाय सोच ही निकाला। उसने विहाग को पत्र नहीं लिखा, बल्कि स्वयं ही मुकुलिता को पत्र लिखा और जानबूझकर ऐसे ढंग से पहुँचाया कि उसे वनगाँव की राजमाता अर्थात् मुकुल की माँ ने पढ़ा–

मेरी मुकुल!

तुम्हारे पत्र ने जादू किया है। मैंने कभी यह आशा न की थी कि जीवन में तुम भी आओगी। तुम्हें पाकर मैं धन्य हुआ हूँ! किन्तु क्या हमारे सपने भी कभी साकार होंगे? समाज और संस्कृति के बन्धन हमारे जीवन के सुनहले पृष्ठ न खोलने देंगे–देखो, समय ने कैसी करवट बदली!

मेरे भी जीवन की साधनाओं के फूल तुम्हारी रूप-स्तुति में अर्पण!

सदा तुम्हारा ही
'विहाग!'

बुढ़िया के कण्ठ में प्राण आ गये! अनुभव में सफेद होने वाले बाल झुँझला उठे और सारे जीवन का ज्ञान बोल उठा, "यह अन्याय है नहीं नहीं···ऐसा न होगा, राजा हैं अपने घर के ···धन से रूप और प्रतिभा नहीं खरीदी जा सकती···आज से दोनों का मिलन नहीं हो सकता। मैं अपने निष्कलंक कुटुम्ब को जन्मों के लिए कलंकित नहीं करूँगी! ओह मधुलेखा! तू आस्तीन की सर्पिणी निकली! बुढ़िया हतबुद्धि हो गयी।

जुलाई, 1942

यह चित्र 1941 में विद्यावती द्वारा बनाया गया।

नीड़ का स्वप्न

अपने लिखने-पढ़ने के कमरे को मैं भावुकता-वश अध्ययन-कक्ष कहता हूँ। इस अध्ययन-कक्ष में विशेष प्रकार की सजावट मुझे भली लगती है। दीवारें साफ-सुथरी, किताबों से भरी अलमारियों तथा चित्रों से आधी ढँकी हुई। चित्रों की भी मेरी अपनी रुचि है। एक ओर मैंने मेघदूत तथा दूसरी ओर उमर खैयाम के चित्र लगा रखे हैं। गौतम और गाँधी के मॉडल के साथ कवियों तथा अपने प्रिय मित्रों के चित्र मेरे कमरे में सजे हैं। अपने कमरे में रेडियो सेट रखना मुझे आनन्द का नहीं, एक शिक्षा का साधन लगता है। इन सबके साथ कुछ अजीब ढंग हो तो मैं भी अजीब समझा जा सकूँ—ऐसी मेरी धारणा है। बाहर बगीचे की बेल यदि वातायन से भीतर झुक आये तो मुझे कोई आपत्ति नहीं। मेरी टेबुल के ठीक ऊपर छत के ठीक नीचे एक तस्वीर लटकी है। तस्वीर में एक डाल है—दो फूल, चार छै पत्तियाँ और इनमें चिड़ियाँ। चिड़ियाँ केवल दो हैं। मेरे विवाह के अवसर पर मेरी पत्नी ने बड़ी रुचि के साथ चित्र बनाया था। दीवार पर चित्र लटका है।

चित्र के ठीक पीछे उसकी पीठ और दीवार के बीच में कुछ जगह शेष रहती है। इस रिक्त स्थान में एक घोंसला बन गया है। चित्र की चौड़ाई आठ इंच और लम्बाई बारह

इंच है। चित्र के अगले भाग में जीवन का निर्जीव चित्र है और पीछे की ओर दीवार से सटकर किसी चिड़िया ने घोंसला बना लिया है। चित्र के पीछे का चित्र यथार्थ है।

आषाढ़ आरम्भ होने के पहले यह घोंसला तैयार हुआ। दिन-दिन भर, फुर्र-फुर्र उड़कर एक जोड़े ने अपने स्नेह-भवन का निर्माण किया। पता नहीं चला, कब प्लान तैयार किया गया, कब नींव खोदी गयी, और कब ईंट तथा सीमेंट के लिए परमिट की जरूरत हुई। घास के सूखे तिनके, कागज के रद्दी टुकड़े और मुरझाई पत्तियों को जुटाकर एक दिन, वर्षा आरम्भ होने के पहले यह सजीव नीड़ बन गया और बस भी गया।

मैं एक दिन वर्षा होने के कारण बाहर नहीं गया था। कालिज भी नहीं गया था और बाहर नर्मदा तीर भी; वैसे वर्षा होने पर नर्मदा के तीर, हरे-भरे वनखण्ड में घूमने की मेरी तबियत हो आती है। परन्तु आज न जाने क्यों अपने इस 'अध्ययन-कक्ष' में ही बैठा रहा। बाहर आषाढ़ के पहले बादल बरसकर धरती की प्यास बुझा रहे थे और मैं भीतर ही भीतर किसी नयी कविता की खोज कर रहा था—सोचता था कि ऐसी पंक्तियाँ उभरें कि जिनका अर्थ-गौरव नया हो, जो नये तट का स्पर्श करें, जिनकी धरती नयी हो और जिनका आकाश भी एकदम दूसरा हो···कि सहसा मेरी दृष्टि 'विहग-चित्र' पर गयी और उसके साथ ही उसके पीछे नवनिर्मित नीड़ पर भी।

नीड़ में नये मेहमान बस गये थे। उन्होंने मुझे देखा या नहीं—यह तो कहना मेरे लिए कठिन है। परन्तु मैं बहुधा नीड़, उसकी गोद में बसने वाले प्राणियों के बारे में सोचता; साथ ही अपने जीवन के नीड़ के बारे में सोचते चलना मुझे भला लगता। मैं सोचता, मेरे जीवन का भी एक नीड़ है,

जिसके निर्माण में भाग्य ने न जाने क्या-क्या जुटा दिया है और न जाने कितने तिनकों, न जाने कितनी मुरझाई पत्तियों ने मिलकर मेरे जीवन-नीड़ को रूप प्रदान किया।

सोचा था—जीवन के संघर्षों से दूर रहूँगा। जीवन को हल्का, निर्मल बनाऊँगा। मन को बेदाग रखूँगा। पढ़ूँगा, लिखूँगा गाऊँगा—पत्नी होगी—मैं रहूँगा। एक तार तो दूसरा स्वर, एक पुष्प तो दूसरी सुगन्ध, एक की दोनों बाँहों में बँधी दूसरे की जीवन-धारा प्रवाहित होगी…किन्तु…किन्तु… ओह, खैर इसी तरह सोचता और सोचता चला जाता…इसी प्रकार वर्षा ऋतु बीत गयी।

दिन बीतते गये और दीवाली के दिन समीप आ गये। हमारे कालिज में दीवाली एक माह की होती है। अर्थात् छुट्टियाँ दशहरा से लेकर दीवाली के बाद तक होती हैं। कामकाज से छुट्टी पाने पर छुट्टी का दिन दीयों की रात-सा जगमग लगता है और अवकाश के क्षणों में जीवन के बारे में सोचना भी एक निधि है। पर मैं छुट्टियाँ होते ही एक सप्ताह के लिए बाहर चला गया। लौटकर आया दिन भर का काम धाम समाप्त कर, मैं अपनी टेबुल पर लिखने बैठता; तो देखता कि घोंसला में 'चीं चीं' अधिक सुनाई देने लगी। जोड़े के अतिरिक्त भी प्राणियों की गिनती बढ़ी। नरम चोंच, पलक बन्द आँखें, अजात पंख विहग—शिशु नीड़ के जीवन में दिन-दिन भर शोर करने लगे। नीड़ के द्वार पर विहग-शिशु चोंच निकाल रहे हैं। अनन्त आकाश और विस्तृत धरती का चक्कर काटकर आने वाले पक्षी—उनके माँ-बाप अपनी चोंच में दाना पानी लाते और अपने स्नेह का अमृत उँड़ेलकर शिशु की भूख-प्यास बुझाते। मुझे यह सब भला लगता, बहुत-बहुत भला। ऐसे तृप्त, आनन्दमय जीवन से स्पर्धा होती! नीड़ के आनन्द में कोई कमी नहीं है।

विहग और विहग-शिशु सानन्द हैं। अपने पंखों में समेटकर शिशुओं को गरम रखने में विहग माता-पिता अब भी सुख पाते हैं और प्रातःकाल नीड़ छोड़ दिन भर के लिए उड़ जाने में अपना धर्म पालन समझते हैं। नीड़ में शिशु बने रहते हैं। वे जब कभी आहट पा नीड़ के बाहर निकल आते हैं—अपनी नन्ही-नन्ही चोंच हिलाकर पुनः नीड़ में चले जाते हैं। जब वे निराश होकर नीड़ से अपनी गर्दन छिपाते हैं, तो उनकी गोल-गोल आँखों में दुष्यन्त की विरहिणी शकुन्तला की आँखों की सी आकुलता रहती है।

इसी बीच मैंने माँजी की आदेश-भरी वाणी सुनी—इस बार …की कोठरी की सफाई पूरी तौर से होगी। ऐसा भी क्या पढ़ना-लिखना! किताबों की पढ़ाई बाप-दादों ने भी की है और जमींदारी के कागज-पत्तर भी लिखे जाते थे, पर ऐसा नहीं हुआ कि कोठरी में किताबों का ढेर लगा रहे; कलमदान की धूल महीनों न छुटाई जावे। होश भी न रहे कि सिर पर चिड़ियों ने घोंसला बना रखा है!

मेरे मन में खनक उठी। मुक्त वायु में उड़ने वाला सूखा पत्ता जैसे घने बरगद की घटादार सघनता में अटक जाय, जैसे जवानी में किसी की मौत हो जाय,…एक झटका सा मुझको लगा! फिर भी मैंने मन को समझा लिया—माँजी तो सदा शिकायत करती रहती हैं। शायद उनका कहना हो—आज तक कुटुम्ब में उनके प्यारे बेटे के समान लिखने-पढ़ने वाला नहीं हुआ!

मैंने अपनी लिखाई-पढ़ाई नियमित रखी; बड़ी-बड़ी पुस्तकों में घण्टों डूबा रहता। एक-एक शब्द का सही-सही अर्थ समझना चाहता, ऐसा अर्थ पाना चाहता जो किसी ने

न पाया हो। फिर सोचता कि आज तक जो साहित्य में किसी ने किया नहीं, वह मैं करूँ; आज तक जो साहित्य में किसी ने पाया नहीं, वह मैं पाऊँ। जरा ऐसा कुछ कर सकूँ जो नाम उजागर कर दे, जो मुझे एकदम साहित्यकारों की प्रथम पंक्ति में आसीन कर दे। और···यह सब रिसर्च का काम मेरे दो से तीन होने के पहले ही पूरा हो सके···नहीं तो परिवार बढ़ेगा। बच्चा···बच्चे···समस्या···समस्याएँ···एकान्त जाता रहेगा···शोरगुल होगा···उफ! वह अध्ययन-कक्ष की शान्ति, निष्ठा, साधना की तल्लीन अवस्था···सब बुझ जावेगी!

दिवाली की छुट्टियों में बहुत काम करना था। रामचरितमानस के साथ ही राम के कथा सम्बन्धी सारे ग्रन्थ पढ़ना चाहता था। आलोचना के ग्रन्थों को भी पढ़ने की सबल अभिलाषा थी। कालिज के दिनों में तो वक्त मिलता न था; अब सारे समय का सम्पूर्ण और उचित उपयोग करना चाहता था। कभी-कभी इतना डूब जाता कि नीड़ की ओर ध्यान ही न जाता और न जीवन के नीड़ की कल्पना ही कभी मन में उभर पाती। न यह ध्यान आता कि दिवाली के त्योहार में सफाई होगी—मेरी कोठरी भी साफ की जावेगी, न यह ध्यान रहता कि परिवार का उत्तरदायित्व भी मेरे सिर है; पढ़ता रहता···और पढ़ता रहता···कभी माताजी स्वयं आकर नाश्ता रख जातीं और कभी प्रसन्न मुद्रा बनाए रखने का प्रयत्न करने वाली, केतकी के समान पीला मुख लिए पत्नी चाय की प्याली रख जाती!

एक दिन प्रातःकाल ही, दिन की आँखें खुलने के पहले मेरी आँखें खुल गयीं—गुलाबी ठण्ड शुरू हो गयी थी; वायु शीतल होने पर भी कटु न थी। जाड़े की ऋतु का आरम्भ था। वातावरण में हल्की-हल्की मादकता थी! नीड़ में

को झनझना दिया हो, जैसे शून्य में बड़ी झाँझ की आवाज गूँज गयी हो!

तो यह नीड़ का निर्माण हुआ या?···

मेरी रग रग में नयी चेतना जागी; जीवन के कर्त्तव्यों की ओर मेरा ध्यान अपनी सम्पूर्ण सतर्कता के साथ जागा। स्वप्न की सुकुमार, सेमल कोमलता, अर्थात् जीवन की प्रौढ़ा, चट्टानी कठोरता में बदलती-सी दिखाई देने लगी।

आलस्य सेज छोड़ उठा। अँगड़ाई ली। तब तक चिड़ियाँ उड़ गयी थीं। साथ में बच्चे भी आज पहली बार उड़े थे। नीड़ की ओर आँख गयी। नीड़ आज सूना था।

"चलो अच्छा ही हुआ। दिवाली शुभ है। बहू को आराम करने दो।" माँजी दूसरे कमरे में किसी से बातें कर रही थीं, "दिवाली की सफाई तो हो जावेगी। चूना, पानी नौकर तो सब हाजिर हो चुके हैं। '----' की कोठरी तक चलूँ, देखूँ किताबों इताबों का क्या हाल है! सोकर अभी जागे हैं राजकुमार या नहीं!"

इमली की खटाई के अच्छे लगने की बात मेरे मन में एक अभूतपूर्व मिठास घोल रही थी। साथ ही अपने एक मित्र का भी स्मरण मुझे हो रहा था, जो कि एक बार परिवार के भँवर में फँसने पर कभी भी किनारे न लग सके थे; वात्सल्य रस का भोग करने के पहले जो, कुछ भी विकास वे कर चुके थे, उसके बाद फिर वे आगे नहीं बढ़ सके! फिर भी···एक अभूतपूर्व मिठास मेरे मन में घुल रही थी और अपने नीड के बारे में मैं सोच रहा था कि···मेरी कोठरी के दरवाजे पर किसी ने दस्तक दी। घूमकर देखा—माँजी खड़ी थीं। मैं देर से जागने की शर्म में डूबा, नतमस्तक खड़ा था।

"आज सफाई होना है!"

"जी!"

"अपनी किताबें समेट लो।"

"जी।"

"कितने दिनों का कूड़ा कर्कट जमा है!"

"जी!"

"कोठरी क्या जंगल है जंगल—देखो कोने में घोंसला बना है।"

"जी!"

"मैं सब ठीक किये देती हूँ!"

"जी!"

"और···देखो···आज लिखना-पढ़ना जरा कम हो। बहू की तबियत ठीक नहीं है। जरा ध्यान देना। शादी तेरी हुई है, या मेरी? तू कब तक समझेगा अपनी जिम्मेदारी? अभी तक बचपना नहीं गया।"

"जी! लेकिन माँ जी ये नीड़···घोंसला···शाम को चिड़ियाँ फिर लौटेंगी! फिर।"

"पागल है! अपनी तो चिन्ता कर···फिर चिड़ियों की बात करना!"

उन्होंने नौकरों को सारे घर की सफाई का हुक्म कड़ी आवाज में दे दिया।

मैं हक्का-बक्का···सवेरे ही सवेरे···खुली आँखों नीड़, नीड़ का स्वप्न देखने लगा!

आकाशवाणी नागपुर, मार्च 1952

'सरस्वती' सितम्बर 1952

❑❑